Illisibilité partielle

VALABLE POUR TOUT OU PARTIE DU
DOCUMENT REPRODUIT

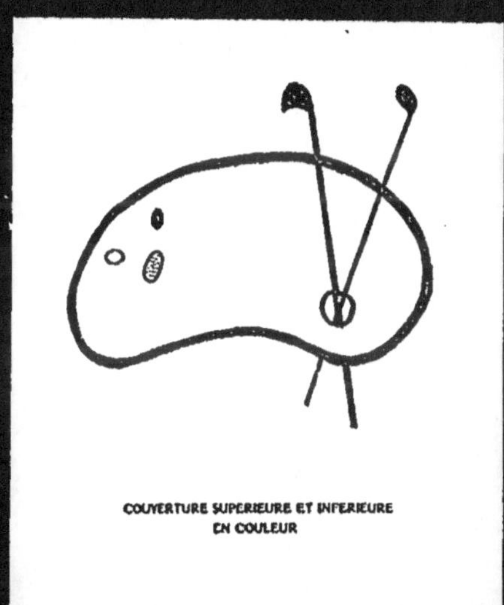
COUVERTURE SUPERIEURE ET INFERIEURE
EN COULEUR

LES
PRUSSIENS EN FRANCE

NOTES DE VOYAGE

PAR

ALFRED D'AUNAY

PARIS

AUX BUREAUX DE L'ADMINISTRATION DU *FIGARO*

3, RUE ROSSINI, 3

1871

LES PRUSSIENS EN FRANCE

NOTES DE VOYAGE

À M. H. de Villemessant.

MON CHER MAÎTRE,

Permettez-moi de vous présenter et d'offrir en même temps aux lecteurs du *Figaro* le programme du voyage que j'entreprends à travers la France envahie.

Je vais parcourir nos belles provinces dévastées, nos villages déserts, nos champs sans semences, nos villes bombardées et incendiées.

Je vais essayer de reconstituer, sur le terrain même où elles se sont déroulées, les péripéties du grand et terrible drame dont notre pays était le théâtre, tandis que Paris, enfermé dans un cercle infranchissable, souffrait et combattait.

Les envahisseurs s'étaient répandus comme une nuée. Ils repoussaient nos seules armées au nord, à l'ouest, à l'est et au midi; étendant sans cesse leur action multiple, couvrant de ruines le tiers de notre pays.

Leurs nombreuses cohortes marchaient en tous sens sur cette terre généreuse, l'enveloppant d'un tel réseau qu'il est impossible de suivre pas à pas leur route. Seuls, peut-être, ils pourront raconter cette guerre qui a renversé tous les calculs de l'ancienne stratégie. Nous leur opposerons, sans doute, l'histoire particulière de chacune de nos légions, et on verra de quel côté était le courage, l'élan, l'héroïsme; de quel côté était la science de la guerre mécanique, mathématique, aussi cruellement intelligente que dépouillée de toute chevaleresque poésie.

Mais l'heure n'est pas venue encore d'écrire à grands traits cette histoire. Mon ambition est seulement de lui fournir des données, à l'ardente curiosité des nôtres un aliment non falsifié.

Je vais donc voir et écouter. Je vais dresser un procès-verbal des dévastations; je vais interroger les témoins, recueillir des données précises sur les faits, raconter enfin tout ce qui me semblera intéressant et utile au gain de notre cause nationale devant le droit et la raison. Nous verrons bien si les canons Krupp, suffisant à la gloire d'un ingénieur, suffisent à la gloire d'un peuple, et si le vainqueur peut être aussi fier de sa victoire que le vaincu de sa défaite.

Je me souviens toujours d'avoir vu, à Forbach, une division de notre armée soutenir pendant douze heures le choc de cent mille Allemands. Je n'oublierai jamais ces régiments héroïques fauchés par la mitraille, et se reformant pour être fauchés de nouveau! Nous avions contre nous des positions formidables, des apprêts faits de longue main. Avouons-le, nous étions surpris. Une petite colonne de deux régiments et un bataillon s'était engouffrée dans une armée. Elle avait tenu bon tout le jour, avec des alternatives de succès et de revers. Puis, vers trois heures, quant des troupes de secours lui arrivèrent, elle reprit une énergique offensive et s'élança de nouveau au milieu des rangs ennemis.

Le soir, je rencontrai à Forbach une patrouille de vingt hommes, noirs de poudre et souillés de sang, qui revenait portant fièrement un drapeau en loques, et dont le chef, — un sergent! — disait : « Nous sommes le 76ᵉ, le 77ᵉ de ligne, et le 3ᵉ chasseurs. Tous nos camarades sont morts ; donnez-nous des cartouches ! »

On garde de ces traits-là un souvenir impérissable. On déplore l'aventure dans laquelle ont été engagés de tels soldats, mais on est heureux de parler la même langue et de pouvoir se dire : « Ces hommes sont mes compatriotes, mes amis, mes frères. Nous aimons la même patrie ! »

Je sors de Paris par la porte entr'ouverte, et j'espère trouver la terre encore frémissante des piétinements de cette lutte gigantesque. L'ornière des canons n'a pas effacé ces souvenirs. Il y a des gens qui étaient là, qui ont recueilli sur les lèvres des mourants la vérité suprême et qui voudront bien m'aider à rendre justice aux obscurs héros que menaient à la mort d'éclatants imbéciles.

Je vais faire, pour tous ceux qui voudront bien me lire, une ample moisson de gloire et de fortifiant orgueil. Tous nos Waterloo ont eu leurs Hougoumont. L'histoire des catastrophes est féconde en exemples de ce genre, et pour un Grouchy qui arrive trop tard, combien de soldats de Cambronne ont su mourir !

Mais je ne prétends pas ne faire ici que des récits de combats, qu'un plaidoyer pour la revendication de notre rang parmi les nations guerrières. Il faudrait pour cela ne rechercher que des champs de bataille, et je désire raconter, pas à pas, mon voyage de pèlerin à travers le pays envahi. Il y a des détails de mœurs qu'il est intéressant de bien connaître. Quel usage les Allemands ont-ils fait de leurs victoires! Comment se sont-ils conduits dans les villes ouvertes par leur canon? Quelles vengeances ont-ils exercées? De quels semblants de justice ont-ils déguisé les cruautés dont le sinistre écho a traversé les murs de nos remparts! Je ne promets pas de le dire sans rage et sans larmes, mais je ne m'écarterai jamais de la vérité. Si, dans ces innombrables phalanges, il s'est trouvé des hommes au sens droit, je le dirai.

Si quelques-uns ont pu adoucir la rigueur de leur code inquisitorial et sanguinaire, je les citerai avec bonheur, pour la gloire de l'humanité.

J'essayerai aussi — et j'y réussirai — de dépeindre leurs quartiers généraux, leurs installations militaires et civiles. Aucun détail n'est indifférent à l'heure où nous vivons. Ce qui paraîtra puéril quand le monde reconnaîtra plus encore la stupidité de la guerre que son horreur et refusera de croire à tout ce dont nous sommes témoins, est aujourd'hui utile, ne fût-ce que pour l'instruction de nos fils. Ils ont moins besoin de haïr l'étranger que de le connaître, car la haine raisonnée est la seule qui survivra.

Il y a les coins sombres, il y a aussi les coins bizarres. Il y a ces hommes qui chantent en chœur des choses langoureuses, qui font des poëmes au bivac, rêvant de Gœthe et se bourrant de légumes moisis, philosophant et guerroyant sur un rhythme uniforme. Il y a ces trous qui paraissent des repaires, et où l'on rit, où l'on boit, où l'on crayonne des drôleries, comme sur les murs blancs de nos casernes.

Tout cela a besoin d'être connu. Si, parfois, ces descriptions jettent dans le récit, je ne dirai pas de la gaieté, mais au moins de l'imprévu, cela repose de l'horreur forcée du fond. Je sais bien aussi que la tâche sera rude, et que chaque jour ne me fournira pas de quoi écrire dix pages de récits de guerre. Il y aura aussi les petits détails bons pour l'heure présente, pour le moment où ils seront écrits, et où ils seront lus.

Celui qui voudra dégager l'histoire de ces notes rapides élaguera ces détails avec soin. S'ils ne frappent pas assez pour émouvoir, ils seront bons du moins à distraire un instant des sombres pensées qui sont dans tous les cœurs.

Puis, et c'est là la partie agréable de ma tâche, j'assisterai aussi au réveil de la patrie. Je verrai la paix rallumer les foyers éteints. Je serai témoin de la reprise des travaux des champs et de la ville, du retour du soldat, des premiers sourires saluant le renouveau.

Après les glaçons qui se brisent et les neiges qui se fondent, la terre reverdira, les fleurs s'épanouiront sur le sol témoin de tant d'horreurs. Ce sera un spectacle consolant et intéressant pour moi, et j'essayerai de rendre l'impression que je ressentirai, et de la faire partager à tous ceux qui, aimant sincèrement leur pays, sont plus heureux encore d'une belle récolte que d'une grande victoire, plus fiers d'une idée utile que d'un succès sanglant.

Je vais donc aller d'abord à Versailles, où je verrai le quartier général prussien, et l'administration civile, et le préfet Brauchitch, et le major Wredel, et notre musée national, et ce parc magnifique si plein de souvenirs.

Puis j'irai à Chartres, au Mans, au camp de Conlie, dont je vous retracerai la physionomie et dont je vous dirai l'importance exacte; à Montoire, ce village témoin d'une lutte héroïque que les Allemands eux-mêmes ont racontée à notre honneur.

Je fouillerai dans les ruines de Châteaudun et de Nemours, ces deux villes détruites après une résistance héroïque.

J'irai interroger les habitants de Tours sur le séjour du gouvernement des trois fantoches. A Orléans, je retrouverai le souvenir d'Aurelle de Paladines, ce brave et digne général qui a eu son jour de gloire, et qui a si vite été voué aux dieux infernaux. D'Arthenay, je vous enverrai un récit de bataille. A Dijon, je recueillerai des notes exactes sur les hauts faits du général Von Werder.

A Nuits, à Villersexel, à Coulmiers, à Bapaume, je prendrai les renseignements les plus précis sur l'importance des combats et le rôle des armées engagées. J'irai encore de Châlons à Sedan, suivant pas à pas la marche de nos colonnes, racontant les épisodes inconnus de Montois, de Vouziers, de Grandpré, de Mouzon, de Balan, de Wadelincourt et de Bazeilles, et recherchant, pour les mettre en lumière les points encore obscurs de la catastrophe finale.

Alors, si la fatigue ne gagne pas le lecteur avant de m'avoir terrassé, je continuerai mon pèlerinage à travers l'Argonne, où je raconterai l'odyssée du plus jeune de nos généraux, ce pauvre Marguerifte, tué à la tête de ses cavaliers africains, dans les défilés où Kellermann a conquis sa gloire; — j'irai revoir Gravelotte, Borny, Forbach, Wissembourg et Reischoffen; — j'irai demander aux carriers de Jaumont ce qui s'est passé dans leurs carrières. — J'irai enfin demander aux assiégés de Verdun, de Metz, de Phalsbourg, de Toul, de Bitche et de Strasbourg la vérité sur leurs défenseurs.

Voilà, mon cher maître, mon plan de campagne. Je me mets en route plein de foi et d'espoir. Je crois que la France n'a pas cessé de mériter l'estime du monde. J'espère trouver les preuves de sa vraie grandeur.

Et si je rencontre en voyage quelque reporter allemand en quête de récits pour établir la supériorité de sa nation victorieuse, je suis certain que j'aurai bien plutôt envie de le plaindre que de l'envier.

Beaucoup de Français voudraient pouvoir oublier ces deux millésimes : 1870, 1871. Je ne suis pas de ceux-là. Jetons un peu de lumière sur les points obscurs de la légende militaire, et nous verrons bien que notre honneur n'a pas souffert.

Avouons nos malheurs, mais revendiquons nos gloires. Nous le devons à nos morts, à leurs mères en pleurs, à leurs femmes en deuil, aux orphelins qui les vengeront.

II

Route de Versailles.

9 février.

Du boulevard des Italiens au pont de Sèvres, la route est connue. C'est seulement près du pont qu'elle a un aspect absolument nouveau. Une brèche immense coupe en deux la chaussée. Une passerelle légère, sur laquelle on marche difficilement deux de front, relie nos frontières provisoires. On voit encore quelques gendarmes qui aident à maintenir l'ordre, puis, derrière des chevaux de frise, un certain nombre de soldats prussiens fumant presque tous leurs longues pipes de porcelaine. Un officier allemand, fort poli du reste, examine les laissez-passer et vous confie à un soldat qui vous conduit à la grille du parc de Saint-Cloud, dans ce pavillon à la porte duquel on vendait autrefois des sucres d'orge et des petits pains de seigle. Là, quatre sergents lisent avec une attention scrupuleuse le susdit laissez-passer; et y écrivent quelques mots dont la signification échappe d'autant plus facilement, qu'ils ne doivent pas produire sur les gardiens de Versailles un effet magique, ainsi qu'on le verra par la suite de ce récit.

Au sortir du pavillon, on se sent un peu plus à l'aise. La grille est franchie, et l'on peut regarder, sans paraître trop curieux, la nouvelle physionomie des collines qui s'élèvent des deux côtés de Sèvres.

A gauche, Brimborion ; à droite, le pavillon de Breteuil, ces deux batteries qui ont fait tant de mal à notre pauvre Auteuil, apparaissent sur le flanc dénudé des hauteurs. Ce qui saisit d'abord, c'est le triste aspect de ces travaux. La terre est coupée sans méthode et jetée en tas devant les canons. Les embrasures sont des trous sans dimension arrêtée. Sans doute les plates-formes sont bien assises pour porter les lourds affûts, mais rien n'est sacrifié à l'apparence extérieure. Je croyais que les artilleurs prussiens y mettaient plus de coquetterie.

La longue rue de Sèvres, et celle de Chaville qui lui fait suite, sont absolument remplies de soldats. On en voit à toutes les fenêtres des maisons, qui toutes sont abandonnées par leurs propriétaires. Quelques commerçants sont seuls restés à leurs boutiques, et vendent aux Prussiens des liquides et de menus objets.

On ne rencontre dans ces parages aucune voiture publique. Le seul moyen de ne pas aller à pied à Versailles est de demander une place dans l'un des chariots qui viennent apporter à Sèvres les provisions et s'en retournent vides. C'est ce que je fis. J'arrivai ainsi à six heures à la porte du faubourg de Montreuil, où j'exhibai avec une certaine fierté mon laissez-passer à un agent prussien, qui me dit, sans la moindre grâce : « *Nix*, il faut descendre et retourner. »

Me voilà donc la nuit, par une pluie battante, à la porte de la ville, tenant d'une main ma malle et de l'autre mon sac de voyage.

Les soldats qui sont derrière la grille me trouvent très plaisant ainsi, et avec force éclats de rire me crient dans leur affreux baragouin !

— Ratourn Paris, très beau Paris !...

Je suis ce conseil et je me replie en bon ordre vers Viroflay. Là, je rencontre un officier, à qui je demande s'il parle français.

— Un peu, monsieur...

— Voulez-vous alors me dire pourquoi je ne puis pas passer avec ceci...

Et je lui tends mon laissez-passer.

— C'est une erreur des soldats, me dit-il. Revenez, vous pouvez entrer.

Je reviens, mais l'officier, qui est à cheval, me devance, et lorsque j'arrive à la grille il est déjà loin.

Cette fois les soldats ne me mettent pas dehors, ils m'y jettent. Je résiste avec assez d'énergie pour être fourré au poste, ce qui me paraît, par cette pluie incessante, le comble du bonheur, mais on se contente de me rendre mes bourrades au centuple, et me voilà de nouveau sur le chemin.

La pluie tombe toujours. Je rencontre un brave voiturier à qui je raconte mon aventure. Je lui explique même que c'est là une violation flagrante de la convention d'armistice, si bien que dans son enthousiasme pour une dialectique serrée, il consent à introduire ma valise et mon sac dans la ville de Louis XIV.

Débarrassé de ces fardeaux, je m'élance dans un jardin, j'arrive, en brisant trois clôtures, à un des murs de clôture de la ville. Je grimpe et me laisse tomber de l'autre côté. Me voilà dans Versailles.

Une lueur me guide vers une sorte de carrefour où je vais. Tandis que je regarde le nom des rues à la clarté du gaz, je

suis empoigné par deux soldats qui me reconnaissent, et reconduit avec force horions à la fatale grille.

Je marche au hasard dans la campagne, puis je tente de pénétrer encore une fois par une brèche. Mais deux jolis Bavarois se lèvent en entendant marcher, et je vois luire les canons de leurs fusils, ce qui me décide à renoncer, de ce côté du moins, à mon entreprise.

Il me restait cependant un espoir. La ligne du chemin de fer de Chartres pouvait ne pas être gardée. Je traverse Viroflay, et je grimpe sur le remblai. A peu de distance j'aperçois une patrouille. Je me glisse derrière une guérite de cantonnier, je m'y blottis et j'attends.

La patrouille s'arrête devant la guérite et y laisse un factionnaire. Celui-ci, après avoir regardé ses camarades s'éloigner, se prépare à s'installer dans le léger édifice. Je songe que je vais pouvoir imiter le clown Boswell, dans cette amusante pantomime du Cirque : *l'Ours et la Sentinelle*, où le malheureux ours se trouvait emprisonné dans la guérite que la sentinelle jetait sur lui. Mais un Prussien est plus intelligent qu'un ours, et mon factionnaire a l'idée de faire le tour de sa guérite, avant de s'y asseoir. Comme jamais un soldat de cette nation méfiante ne se livre à une exploration de ce genre sans tenir son mousqueton en avant, c'est le canon de cette arme qui se pose sur mon visage, avant que j'aie vu son propriétaire.

Cette situation, qui n'avait rien de comique, divertit fort le factionnaire, qui se mit à rire de si bon cœur, que je ne pus me dispenser de l'imiter. Mais quand cette hilarité cessa, le digne Prussien m'indiqua, d'un geste fort expressif, le chemin de Paris.

— *Retourn ! retourn !* me dit-il.

Je lui expliquai alors, au moyen d'une mimique énergique, mon désir de prendre du repos. Je fus si éloquent que le soldat me montra de la main une lumière qui brillait au loin. Je compris et me dirigeai vers une ferme qui est à l'extrémité du champ de courses de Porchefontaine.

Là je trouvai, dans une vaste salle, quatorze boulangers militaires prussiens, qui me firent un excellent accueil. L'un d'eux, me voyant absolument trempé, eut l'idée de me conduire chez le propriétaire de la ferme, M. Rémond, qui m'accueillit avec beaucoup d'amabilité, me fit souper et m'offrit une place sur le canapé de son salon, déjà occupé par six réfugiés, victimes comme moi de la singulière consigne donnée aux gardiens des portes de Versailles.

Le lendemain matin, j'eus l'idée de demander à un voyageur, seul dans son cabriolet, une place pour entrer avec lui à Versailles. C'était un citoyen qui allait voter. Au passage de la grille, il brandit sa carte d'électeur avec un si beau geste, que l'officier me considéra comme suffisamment protégé par un homme qui avait à ce point la conscience de son droit électoral.

C'est de cette façon toute naturelle que j'achevai la première étape de mon voyage. Dès que je racontai mon aventure, on me dit : « C'est que vous avez un laissez-passer ! » Si vous n'en aviez pas eu, vous seriez entré du premier coup comme habitant de la ville. C'est votre laissez-passer qui a montré aux gardiens que vous n'habitez pas Versailles ! »

Ce ne fut pas, du reste, mon seul étonnement de la journée. Les assiégés de Paris doivent s'attendre à bien d'autres surprises. Ne nous a-t-on pas dit mille fois que Versailles avait été transformé par les Prussiens en citadelle imprenable !...

La vérité est qu'il n'y a jamais eu une muraille, un fossé, un rempart quelconque. Quant à la physionomie de la ville, elle s'est modifiée sensiblement. Au calme d'autrefois a succédé le mouvement et le bruit. Les chariots de la Lorraine, de l'Alsace et de l'Allemagne, conduits par les soldats du train, brûlent littéralement le pavé.

Beaucoup d'officiers ont fait venir leurs voitures où se promènent à cheval. Les Prussiens foisonnent dans les rues. Toutes les boutiques sont ouvertes et fort achalandées. Versailles est une sorte de gîte d'étape, où s'arrêtent tous les corps d'armée et où soldats et officiers font leurs emplettes.

Des commerçants allemands se sont installés dans les magasins inoccupés, et y vendent toutes sortes de marchandises. Il y a des étalages de costumes militaires, des débits de tabac, une librairie allemande et une foule d'autres spécialités qui paraîtraient fantastiques, si les hommes que l'on coudoie à chaque pas dans les rues ne rappelaient, par le seul fait de leur présence, au sentiment de la triste réalité.

Si l'on en excepte le roi, qui occupe le palais préfectoral, le prince Fritz, qui habite l'hôtel de madame André, près la porte de Buc, et M. de Moltke, qui loge chez M. Lambinet, boulevard de la Reine, presque tous les personnages de marque sont installés dans Glagny, vaste quartier neuf, entièrement composé de villas élégantes, habitées d'ordinaire, l'été seulement, par des Parisiens, et qui se sont trouvées inoccupées quand les Prussiens

sont entrés à Versailles. Dans la répartition des billets de logement, on a eu aussi le soin d'envoyer les hauts dignitaires qui n'ont pu avoir d'hôtels abandonnés chez des notables, qui les ont hébergés fort convenablement.

Ces étrangers, du reste, se sont, pour la plupart, bien conduits. Placés en quelque sorte sous l'œil des chefs, les soldats logés chez l'habitant n'ont pas donné non plus beaucoup de sujets de plainte.

Mais, en revanche, les environs de Versailles, absolument abandonnés par la population, ont été mis à sac.

— Ici les emballeurs ont fait fortune, me dit un habitant. En ont-ils cloué des caisses pour l'Allemagne !

Un autre me raconte qu'un jour son locataire forcé revint de Saint-Cyr avec un très précieux ouvrage magnifiquement relié.

— Voilà, dit-il en rentrant, un beau livre que j'ai *sauvé* de Saint-Cyr.

— *Sauvé !...* s'écria la bonne — une Dorine, — on voit que monsieur ne connaît pas bien le français !...

III

A Versailles.

10 février.

Le 18 septembre 1870, à quatre heures du matin, trois uhlans se présentèrent à la grille dite des Chantiers, où déjà se trouvaient de nombreux habitants de Versailles, attirés par l'imminence d'un engagement important au sud de Paris. On laissa entrer les trois lanciers, que ne semblaient pas inquiéter outre mesure les manifestations hostiles de la foule. Les gardes nationaux du poste, qui n'avaient au reste pas de cartouches, prirent les chevaux par la bride et conduisirent les uhlans à la mairie, après leur avoir affirmé — ce qui était vrai — qu'il n'y avait plus de troupes dans Versailles.

L'un des trois cavaliers était un officier. Il entra chez M. Rameau, le maire, et lui annonça que le jour même un corps d'armée important prendrait possession de la ville, et qu'il avait pouvoir pour régler avec lui les conditions de la reddition.

— Comment sera traitée la ville ? dit M. Rameau.

— En ville désarmée et neutre, répondit l'officier.

M. Rameau, qui est avoué, débattit une à une toutes les conditions. Il fut donc stipulé que les soldats ne logeraient pas chez l'habitant, que des réquisitions seulement seraient faites, et que la garde nationale conserverait ses armes et serait chargée de la police de la ville.

Les trois cavaliers partirent, et, parcourant au petit pas les rues, sortirent par la porte des Chantiers.

C'était le jour du combat de Vélizy et de Villaconblay, le plus meurtrier pour les Prussiens de tous ceux livrés aux environs de Paris. De cinq heures du matin à onze heures retentit le bruit effroyable du canon et de la mousqueterie. Vers dix heures, un officier prussien, absolument seul, entra en ville pour aller chercher les ambulances. Rue de la Paroisse, il fut arrêté par un groupe de populaire, qui lui barra le passage en criant : Vive la France !

— Vive la paix ! répondit l'officier, qui passa dès qu'il eut dit l'objet de sa mission.

A deux heures, l'avant-garde d'un corps d'armée de 30,000 hommes fit son entrée par la grande avenue de Paris. Dès que la tête de colonne eut atteint la place d'Armes, les soldats opérèrent cette manœuvre qui leur est particulière et qu'on pourrait appeler le foisonnement. En un instant toutes les rues furent parcourues par des petits corps, tous les coins furent occupés par des postes. L'armée était partout et nulle part. Il semblait que la ville était pleine de Prussiens, et les habitants, calculant d'après ce qu'ils voyaient devant leurs maisons, évaluaient à 200,000 cette troupe dix fois moins considérable. Il en résulta une sorte de terreur qui permit aux envahisseurs de faire accepter plus facilement leurs exigences. Du reste, ils avaient jugé bon de faire aux Versaillais une galanterie en arrivant. Leur musique jouait la *Marseillaise!*...

Le soir, les soldats campèrent dans les avenues. Quand sonna l'*Angelus*, un chant immense se fit entendre. C'étaient les Allemands qui chantaient un cantique sur l'air du *Pastor Dei*.

Toutes les maisons abandonnées furent aussitôt bouleversées et les officiers s'y installèrent. Le général de Voigt-Rhetz prit possession de la villa Moricet, avenue de Saint-Cloud, où est encore sa résidence.

C'est là que le lendemain matin il rendit un arrêté stipulant que les gardes nationaux devraient rendre leurs armes dans la journée, contrairement aux stipulations de la veille. Un conseiller municipal protesta :

— Je comprends vos résistances, monsieur, répondit le général, elles sont honorables. Mais Versailles doit être gardé seulement par deux mille hommes et vingt-cinq pièces de canon. Or, chez nous comme chez vous, on tient à sa peau. Au delà, il n'y a rien. Soumettez-vous donc, et habituez-vous à ne pas discuter nos ordres.

Le même jour, on vida l'entrepôt des tabacs, et on distribua son contenu à la troupe.

— Ne vous plaignez pas trop, dit un officier supérieur à un habitant. Nous ne resterons pas longtemps ici. Dans dix jours au plus nous entrerons à Paris. Là, le roi attendra qu'un gouvernement régulier soit constitué pour traiter de la paix, ce qui ne tardera pas.

Le 20 septembre « notre Fritz » arriva à Versailles, et s'installa au palais de la Préfecture, où il ne resta que jusqu'à l'arrivée de son père, époque où il alla loger chez madame André.

« Notre Fritz » mérite une petite esquisse. Comme tous les princes, tant qu'ils ne sont que dauphins, le fils du roi Guillaume est adoré. Il a, du reste, bonne façon en toute chose. C'est un homme de quarante ans, qui en paraît trente. Il est grand, mince, élégant; il porte toute sa barbe, rousse, mais soyeuse et bien plantée. Son costume est d'une extrême simplicité : une grande capote noire, à collet rouge ; une casquette de velours bleu à passe de drap rouge. Aucun insigne, rien qui le distingue d'un sous-lieutenant quelconque.

Il est bon cavalier, mais il affecte de se promener seul, à pied, le long des avenues, fumant dans une grande pipe de porcelaine. Je l'ai rencontré hier, avenue de Saint-Cloud.

Deux officiers, l'apercevant, se rangeaient immobiles, les pieds joints, la main gauche le long de l'épée, la droite ouverte près du front. Leur mouvement fut si vif, que la capote de l'un d'eux tomba dans la boue. Le prince alla à eux, leur baissa la main, la leur serra, et, ramassant la capote, la plaça sur les épaules de son propriétaire, avec qui il causa familièrement quelques instants.

Le prince saisit toutes les occasions de déclarer qu'il a horreur de la guerre en général, et de celle-ci en particulier.

Il dit qu'il aime la France et qu'il est très partisan des idées libérales. Il craint que cette guerre ne lui crée pour l'avenir une situation difficile. Il croit même qu'il ne régnera jamais.

Du reste, ce prince ne paraît pas avoir, quoi qu'on en ait dit, les goûts belliqueux de sa famille. Depuis le 20 septembre, il n'a quitté Versailles que pour aller à Ferrières au devant de son père.

Sans aucune transition, je vais esquisser maintenant l'un des personnages importants de l'administration prussienne, le préfet de Seine-et-Oise, M. de Brauchitsch, que les habitants de la ville appellent de Bronchite, et les gens des faubourgs, tout simplement Lustucru.

C'est le plus loyal des hommes; jugez-en par un trait, entre mille. Il décide un jour que le département devra faire un million d'approvisionnements à acheter en Prusse pour ravitailler Paris immédiatement en cas de reddition. Il ordonne que le maire de Versailles devra livrer ces marchandises à tel jour, à telle heure, sous peine de cinquante mille francs pour le premier jour de retard, et soixante-quinze mille pour le second. Il ne suppose pas, du reste, qu'il puisse y en avoir un troisième.

Le maire fait immédiatement les achats et expédie les ordres. Mais les chemins de fer sont exploités par les Prussiens et aucun délai ne peut être garanti. M. Rameau proteste avec énergie contre le système de l'indemnité pour retard. Le préfet n'écoute rien, et le jour fixé pour la livraison, la marchandise n'étant pas arrivée, il envoie un estafier toucher les 50,000 francs.

Le maire refusant énergiquement de payer, on l'arrête et on l'enferme dans la cellule de l'assassin Poncet, où il reste six jours. Pendant ce temps on envoie dans son domicile quinze garnisaires, qui couvrent les meubles d'ordures!

Les Allemands eux-mêmes s'indignèrent de ces faits. Des officiers allèrent trouver le prince royal pour les lui raconter. Déjà, spontanément, les habitants avaient organisé une souscription et payé les cinquante mille francs du premier jour de retard.

Le prince ordonna la mise en liberté immédiate du maire et supprima les soixante-quinze mille francs d'amende. Mais l'honnête M. de Brauchitsch avait empoché ses cinquante mille francs!

Cet estimable fonctionnaire est du reste l'homme le plus brodé, le plus doré de tout l'état-major allemand. Il est jeune, blond, porte des moustaches de chat en colère, et s'habille comme un ténor de province. Sa veste de hussard est ouverte, ce qui lui permet des effets de linge. Il assortit une longue cravate bleue avec un dolman vert. Il a des bagues partout, aux doigts, à la cravate, en breloque, en épingle.

Il porte des pantoufles brodées d'or et des gants d'archevêque. C'est le chef-d'œuvre de la prétention et de l'impudence combinées.

Toutefois, il ne manque pas d'une certaine intelligence spéciale, finesse de policier et souplesse de faiseur. A son arrivée à Versailles il avait besoin d'un interprète pour échanger deux mots. Aujourd'hui il parle très intelligiblement le français.

Dans tout le Versailles allemand, M. de Brauchitsch n'a que deux amis, M. Sta-nislas Blumenthal, chef de la police secrète du roi, et M. de Stegberth, préfet de police. On comprend fort bien cette intimité.

C'est le 6 octobre que le roi Guillaume a fait dans Versailles son entrée solennelle. Je ne parlerai pas longuement de cet homme étrange, que l'histoire jugera seule, pièces en main. Toutefois, puisque j'ai promis de dire toujours la vérité, je dois déclarer d'abord que le vrai Guillaume ne ressemble pas du tout au portrait qu'on en fait.

Ses énormes moustaches, sur son visage bonasse, lui donnent absolument l'air d'un roi de féerie. Avec la voix d'Hurluberlu XIX, il fait penser au bon Lebel. Il laisse marcher de Moltke et Bismarck à leur guise, puis tout à coup il émet une idée qu'il place en dehors de toute discussion. Toutes les intrigues, toutes les roueries échouent contre son parti pris. On dirait qu'il prend plaisir à démolir de temps en temps des échafaudages savants de politique et de stratégie. Au demeurant, c'est un homme peu intelligent, peu lettré, content de ce qui se fait pour lui et autour de lui, mais aimant à taquiner son stratège aussi bien que son ministre, uniquement pour leur faire sentir qu'il est leur maître, et que s'il leur laisse acquérir une gloire bien plus durable que la sienne, c'est que tel est son bon plaisir.

Le roi Guillaume ne s'enivre pas et n'a pas non plus ces accès de fureur dont on a tant parlé. Quand il a dit : Je veux!... ses ministres peuvent faire tous leurs efforts, ils n'en tirent pas la moindre concession. Le roi a l'entêtement muet. Il ne discute pas, il dort ou feint de dormir. C'est son moyen d'avoir toujours raison.

A Versailles, Guillaume se promène volontiers à cheval, presque sans escorte, dans les avenues. Quelquefois, il va à pied au parc. Il s'arrête beaucoup en chemin pour causer avec des officiers qu'il connaît. Il ne lit presque jamais rien, mais se fait faire la lecture très souvent par son ami Schneider. Quand le livre ou le journal l'ennuie, il ne proteste pas... il s'endort.

Le roi Guillaume aime la bonne chère. Il ne dîne que chez lui ou chez son frère Karl, le seul personnage avec qui il consente à discuter longuement.

Karl est le père du grand homme de guerre de la famille, le prince Frédéric-Charles.

Karl est directeur honoraire de l'artillerie. C'est un homme de taille moyenne, fort distingué de manières, très instruit, très intelligent et assez libéral. Il parle français sans le moindre accent, et s'honore d'avoir été le seul précepteur de son fils.

Il habite, à Glagny, le charmant petit hôtel de madame d'Elchingen.

Son frère Adalbert, que les Versaillais appellent l'amiral suisse, est le Sosie d'Henri Monnier dans le rôle de Joseph Prudhomme.

Son grand plaisir est d'aller au marché voir débiter les légumes et le poisson. Les gamins lui fourrent des harengs saurs dans les poches sans qu'il s'en aperçoive. Il va comme cela chez le roi, que ses naïvetés exaspèrent. Cet excellent homme est grand-amiral de la Confédération du Nord. Il occupe à Clagny l'hôtel de M. Léon Salleron, architecte.

Le prince de Saxe, qui s'est logé dans le même quartier, hôtel de M. Paris, a été surnommé — nous ne savons trop pourquoi — le prince des emballeurs.

Chez M. Braillard demeure le prince de Schombourg-Lippe, le plus riche et le plus obscur des confédérés.

M. Openhoff, président de la cour royale de Berlin et de la députation du Reichstag chargée de remettre au roi la couronne impériale, a demeuré chez notre merveilleux dessinateur Giacomelli, toujours à Chagny.

Le prince de Saxe-Meiningen s'est installé chez M. de Louancé.

Chez madame de Noue, la femme du général, s'est établi un officier supérieur prussien dont la réputation de bravoure a subi une rude atteinte.

Dans la chambre qu'il occupait se trouvait une porte dont il n'avait pas la clef. Il avoua franchement à madame de Noue que cette porte l'inquiétait.

— Vous le voulez, monsieur, lui répondit-elle. Eh bien! voici la clef.

L'officier supérieur fit jouer le pêne, et jugez de sa confusion...

Cette porte n'était qu'une porte d'armoire!

Un autre officier supérieur fit fouiller à coups de baïonnette, chez M. Gauthreau, à Clagny, le lit d'une dame octogénaire et paralysée avant de se décider à s'installer dans l'appartement.

Mais la scène de couardise la plus amusante s'est passée dans les maisons mitoyennes du peintre Bigan et de M. Bourbon, entrepreneur de serrurerie.

Des soldats descendent dans les caves pour fouiller et sonder les murs. Tout à coup ils remontent tout effarés.

— Nous avons entendu des gens armés! s'écrient en chœur les deux troupes.

Elles s'étaient mutuellement entendues!

Tableau!...

IV

Les deux augures.

11 février.

Je viens de voir un petit homme maigre, jaune, ridé, trop au large dans son étroite tunique, chez le pâtissier de la rue des Réservoirs, en face du théâtre. Cet homme a dit:

— Au lieu de sept éclairs, ne m'en envoyez que six. Le prince de Schombourg-Lippe ne vient pas dîner ce soir.

Quand il est parti, je demande au pâtissier ce que c'est qu'un éclair et ce qu'est cet homme.

Un éclair est un gâteau de quatre sous, contenant de la crème. Le petit vieux, c'est le comte de Moltke.

Quand je dis le petit vieux, c'est par complaisance pour sa gloire. On pourrait dire presque aussi justement : la petite vieille. M. de Moltke n'a de l'homme que le costume. Il n'en a même pas la barbe. Ce qui est certain, c'est que ce général célèbre a, et a toujours eu des mœurs d'une pureté irréprochable. Jamais le soupçon ne l'a effleuré de son aile. Vous trouverez peut-être cela admirable, mais alors j'ajouterai qu'un Allemand ne le dit pas sans rire.

M. de Moltke habite la maison de M. Lambinet, rue Neuve. Il a là un grand nombre de bureaux. Il couche dans un coin. Ses bureaux occupent aussi une autre maison.

Il y a à Versailles un fiacre dont l'histoire sera curieuse à faire un jour.

C'est le fiacre n° 37, dont l'automédon ordinaire a été remplacé par un cocher enlevé chez M. de Rothschild, à Ferrières.

Ce fiacre a transporté, dans des circonstances solennelles, M. Thiers et M. Jules Favre. Ce vilain fiacre, avec sa peinture effritée et son étoffe éraillée, est l'unique équipage de M. le comte de Bismarck-Schœnhausen, grand chancelier de l'empire d'Allemagne.

Essayer de faire un portrait de M. de Bismarck, ce serait entreprendre une tâche que ces notes ne comportent pas. Je me contenterai de donner, au courant de la plume, des renseignements sûrs.

Tout est étrange dans cet homme. Au physique, c'est un colosse disloqué. Il est grand et voûté; son ossature est énorme et sa peau est flasque.

— En voilà d'la réjouissance!... dit un jour un gamin de Versailles en le voyant passer.

J'avais vu M. de Bismarck en 1867. C'était un bel homme, avec une figure intelligente, des yeux vifs, une grande allure.

Les quatre ans qui viennent de s'écouler ont fait une ombre de ce beau cuirassier.

De grands yeux saillants, glauques, humides, blancs, une moustache énorme et teinte en roux, un crâne immense, proéminent et absolument dénudé, voilà la tête de M. de Bismarck.

Il marche lourdement, jetant ses jambes de côté. A cheval pourtant, dans sa capote d'officier, sous la casquette blanche qui dissimule son crâne, il a encore une certaine allure.

M. de Bismarck sait quelles haines effroyables il s'est attirées. Et cependant il va seul, à pied, dans les rues de Versailles. On dit qu'il a une cotte de mailles. Ce que je sais, c'est qu'il se rase lui-même.

Un jour, dans la rue, il se retourne et voit un cuisinier, vêtu de blanc, ses couteaux à la ceinture, qui le suivait. M. de Bismarck presse le pas. Il court presque ; le cuisinier le suit toujours. Enfin, il entre dans le collége, et ferme brusquement la porte.

La porte se rouvre, et le cuisinier entre à son tour.

— Pourquoi me suivez-vous ! s'écrie M. de Bismarck.

— Moi, vous suivre, monsieur !... Oh ! pas du tout. Je venais ici, au collége, dont je suis le cuisinier.

M. de Bismarck était déjà revenu à lui, comme on le pense. Mais ne trouve-t-on pas étrange cette espèce de terreur subite d'un homme qui s'expose volontairement et habituellement au danger ?

Il habite, rue de Provence, un magnifique hôtel neuf, construit par M. Jessé. En s'y installant, son premier soin fut de faire poser partout des sonnettes. Il fit percer des trous dans les plafonds peints, dans les corniches, dans les tentures.

Le serrurier, M. Bourbon, — on voit que je donne toujours les noms pour aider à contrôler mes récits, — lui présenta son mémoire.

— Qu'est-ce que c'est que cela ! s'écria M. de Bismarck ; remettez donc ce mémoire au propriétaire. Croyez-vous que je vais emporter les sonnettes ? Elles lui resteront ; qu'il les paye !

Certaines pièces sont aménagées avec un grand luxe. Le chancelier a donné des réceptions où les lustres et les girandoles portaient deux cents lumières. Il a aussi donné des repas où, sur une table sans nappe, on mangeait, éclairé par des bougies fichées dans des bouteilles. M. de Bismarck écrit le plus souvent sur un piano fermé.

J'ai pu me procurer quelques détails que je crois assez curieux sur le premier voyage de M. Jules Favre à Versailles, le 25 janvier.

M. de Bismarck envoya son horrible fiacre au pont de Sèvres. A sept heures et demie, M. Jules Favre gravit le perron de l'hôtel Jessé. Après les compliments d'usage, M. de Bismarck demanda à son hôte s'il avait dîné.

Sur sa réponse négative, le grand chancelier envoya un domestique demander un souper à la cuisine royale. M. de Bismarck et plusieurs de ses officiers assistèrent à ce repas qui ne dura que quelques minutes, puis il passa dans son cabinet avec le plénipotentiaire français. Ils restèrent enfermés jusqu'à dix heures, M. de Bismarck se rendit à pied chez le roi, et fit conduire dans son fiacre M. Jules Favre à l'hôtel de Massa, où un logement lui était retenu.

Or cet hôtel, situé boulevard du Roi, n'est autre chose que le siége de l'administration de M. Blumenthal, le préfet de police. Tandis que M. Jules Favre se félicitait sans doute de l'excellent procédé de M. de Bismarck, qui voulait lui éviter la recherche d'une chambre d'hôtel à cette heure avancée, il était simplement envoyé dans une souricière !

M. de Bismarck demanda à l'aide de camp de service, — avec ce respect de l'étiquette qui est une des singularités de cette cour ambulante, — si Sa Majesté daignerait le recevoir. Le roi était chez lui. M. de Bismarck resta enfermé jusqu'à minuit et sortit de l'appartement en proie à une agitation extraordinaire.

Au lieu de quitter le palais préfectoral, il entra sans dire un mot dans l'appartement du comte de Lensdorff, premier aide de camp, et se jeta dans un fauteuil. Puis après un quart d'heure de silence, il se mit à siffler de la première à la dernière note la fanfare d'hallali du sanglier et termina en faisant le geste de la mise bas. Le comte de Lensdorff, de qui je tiens ces détails, se demandait si le chancelier ne perdait pas la raison. Il quitta du reste l'appartement comme il y était entré et se rendit à pied chez lui, suivi par son fiacre, qui était revenu de l'hôtel Massa.

Le lendemain matin eut lieu une entrevue nouvelle entre le chancelier et le ministre. Quand M. Jules Favre fut parti, M. de Bismarck se frottait les mains.

— Il y a toujours moyen de s'entendre avec un homme qui a de la modération, disait-il, et j'ai grande estime pour M. Jules Favre !

Après ces deux hommes de génie, quelque peu farouches, MM. de Moltke et de Bismarck, voulez-vous une figure sympathique et honnête : un sourire encadré dans une barbe blanche !

Voici le lecteur privé du roi, son conseiller intime, son ami, M. Schneider. C'est l'homme qui obtient les grâces. Dans cette cour, où tout le monde est noble, il se pique de roture. Il semble que, contrairement à la coutume historique qui veut que chaque roi ait auprès de lui un fou, Guillaume se soit préoccupé d'y avoir un sage.

Schneider a débuté par le théâtre. Il a continué par la littérature. C'est l'homme le plus décoré de l'Allemagne. Et avec cela, il est d'une simplicité surprenante.

Il est venu de Berlin à Paris, à petites journées, dans son carrosse bleu, qui est, à l'heure qu'il est, une des curiosités de Versailles.

Ce carrosse a des rideaux de cuir. Il remonte à l'époque du premier empire, et bien certainement n'a pas été peint depuis. Il est traîné par deux chevaux venus avec lui d'Allemagne, et si vieux aussi qu'il semble toujours qu'ils vont faire leur dernier voyage. Quant au cocher, il faut le hisser sur son siége et le descendre avec précaution.

Eh bien! personne n'ose plaisanter Schneider sur son équipage. Lui, qui n'en a jamais eu d'autre, ne souffre pas de sa vétusté. Il monte là-dedans comme dans une voiture ordinaire, et si jamais ces lignes lui tombent sous les yeux, elles lui causeront, j'en suis certain, un immense étonnement.

Je m'arrête ici. Vous pensez bien que je ne vais pas passer en revue la kyrielle des porte-glaives allemands. Ces officiers ont bonne tenue le jour, mais le soir, par les rues, on entend le bruit de leurs pas parfois un peu hésitants, et des fourreaux d'acier de leur sabre battant tous les pavés. Ce bruit est tel qu'il forme comme une musique continue et monotone qui ne cesse que vers deux heures du matin.

Les officiers, qui logent chez l'habitant, sont d'une politesse exquise. Mais presque tous ont deux défauts : une absence regrettable de tempérance et de propreté. Ces mêmes hommes qui, dans la rue, ne passent pas auprès d'une femme sans la saluer, perdent sensiblement le sentiment des convenances après boire. Cracher sur les murs est d'usage chez ces messieurs. Il est peu de malpropreté qu'un Allemand ne commette, le soir, dans la maison où, tout le jour, il a eu la tenue d'un parfait homme du monde... Et jamais la pensée du lecteur ne l'entraînera, sur cette pente, au delà de la vérité.

Les cafés sont pleins d'officiers. Ils se découvrent en entrant, et ne supportent pas qu'on reste couvert devant eux. A ce détail près, ils ne font pas trop sentir leur position de vainqueur. Je dois même dire que le jour de la convention de Paris, ils n'ont fait aucune manifestation, aucune fête. Les habitants de Versailles n'y croyaient pas tant les Prussiens étaient réservés.

Quant à la tenue des officiers et des soldats au dehors, si elle est si parfaite, cela tient bien un peu aussi à l'influence salutaire qu'exerce le gendarme.

Le gendarme allemand est un personnage considérable. En temps que policier de l'armée, il est le supérieur des officiers.

Un gendarme entre-t-il dans un cabaret où des soldats font tapage ?... Un silence absolu se fait aussitôt. Le gendarme n'arrête pas, mais ordonne d'arrêter. Il a sur les soldats allemands cette autorité morale que le constable a sur les Anglais. On le salue, du reste, avec autant de respect qu'un officier supérieur.

Une grande partie du palais de Versailles est occupée par les ambulances prussiennes. Les galeries de Napoléon III, des Croisades, et quelques autres sont ouvertes au public. Quant au parc, on s'y promène plus ou moins, selon le caprice des Allemands.

Nos blessés sont traités dans un vaste bâtiment de l'Hôtel des réservoirs, loué par la Société internationale. Là, un jeune homme, fils d'un grand artiste, M. Horace Delaroche, a accepté la généreuse mission de présider aux soins à donner à ces malheureux, et de discuter avec les autorités prussiennes les intérêts sacrés de l'humanité. D'autres blessés français sont soignés dans l'hôpital militaire, et ce n'est qu'en se privant de leur traitement, et même de leur nourriture, que nos médecins et nos infirmiers arrivent à fournir aux malades les médicaments et les aliments. Quoi qu'on en ait dit, les Prussiens ne donnent pas un centime aux ambulances.

Si tous les habitants de Versailles ont eu à souffrir de la présence des Prussiens, si leurs maisons ont été souillées, leurs caves pillées, leurs meubles brisés, il faut bien reconnaître que plusieurs d'entre eux se sont montrés d'un servilisme révoltant.

Ainsi M. L..., fils du tailleur de Napoléon Ier, avenue de Saint-Cloud, n° 87, avait eu le soin de faire peindre cette inscription sur sa porte, avant l'entrée des Allemands : *cave de messieurs les officiers prussiens!*

Un autre, M. F..., négociant à Paris, rue Saint-Martin, et propriétaire à Versailles, route de Picardie, s'est empressé, dès l'arrivée des Prussiens, de leur indiquer le secret d'une cachette qu'il avait installée dans son jardin, et qui contenait du vin et des provisions. « C'est à cause des Français que j'avais fait cette cachette, leur dit-il. »

Ce sont, du reste, les seuls faits que j'ai pu relever à la charge des habitants de Versailles, qui ont été tous très dignes.

L'un d'eux s'est occupé très sérieuse- de recueillir tous les récits des vols com- mis par l'état-major du roi Guillaume. Il en a fait un volume avec ce titre : *Livre d'or de la noblesse allemande.*

Chez M. Morel, riche entrepreneur, les Prussiens ont saisi la cave qui était très garnie.

Ce n'est qu'avec beaucoup de peine que M. Morel a pu obtenir qu'on lui remît chaque matin une bouteille de vin pour sa consommation personnelle.

M. Renaud, avenue de Saint-Cloud, avait dans sa cave une cachette dans laquelle il avait placé, en cas d'incendie ou de pil- lage, trois cent mille francs de valeurs. Cette cave étant occupée par les soldats, il demanda à l'intendant général de l'ar- mée, qu'il logeait, la permission d'en re- tirer ces valeurs.

Il lui fallut une autorisation spéciale du prince royal, rien que pour pouvoir des- cendre dans sa cave. L'intendant général l'y suivit. M. Renaud ouvrit la cachette.

—A qui sont ces valeurs? demanda l'intendant.

—Une moitié environ est à moi, et l'au- tre à mon beau-père.

—Vraiment, dit l'intendant. Eh bien, je prends cette moitié pour moi, parce que votre beau-père est absent. C'est la loi de la guerre. Dès qu'on est absent, nous avons le droit de piller.

Et l'intendant a gardé les 150,000 francs.

V

De Versailles à Rambouillet

12 février.

Avant de quitter Versailles, j'ai assisté à trois spectacles, dont deux fort attris- tants.

L'un était une grande revue passée par le roi en personne. Des troupes venant de Villaconblay allaient à Saint-Germain, et en route défilaient solennellement devant la préfecture. Les habitants de Versailles ont le bon goût d'éviter de se porter en masse sur le lieu de ces solennités assez fréquentes.

Ce que j'y ai remarqué, c'est l'extrême monotonie des tambours, des fifres, de la musique. C'est cette régularité vraiment mécanique du pas militaire. Les soldats allemands marchent comme des automates. Le bruit cadencé de leurs lourdes bottes va jusqu'à couvrir le son des instruments. Le régiment qui arrive ressemble d'une façon lugubre à celui qui part. Admire qui voudra cette perfection absolue de la disci- pline, de la marche et de la manœuvre, je trouve que la vue d'une armée alle- mande a quelque chose de désobligeant pour la dignité humaine, et que s'il faut mettre des hommes dans ce moule pour en faire des soldats victorieux, c'est à dé- goûter de la victoire.

Le second spectacle, qui du reste est fort gai, c'est un enterrement de soldat prussien. Quand je dis fort gai, je n'en- tends pas faire allusion à la joie qu'on peut éprouver de savoir un ennemi mort, mais je veux parler seulement de la façon dont s'accomplit la cérémonie funèbre.

C'est à trois heures précises, chaque jour, que les bières, portées chacune par quatre hommes, partent de la grande am- bulance du palais pour se rendre au ci- metière Notre-Dame. Sur chaque bière se trouve le casque du défunt. Tous les sol- dats qui suivent paraissent peu recueillis, mais fort attentifs aux cahots qu'éprouve le casque. Arrivés dans le champ du re- pos, ils s'alignent autour d'un immense trou, dans lequel les bières sont jetées pêle-mêle. Le ministre protestant fait un discours à la fin duquel chaque assistant prend une poignée de terre et la jette dans la fosse. Puis, à peine le pasteur a- t-il tourné le dos que les soldats se préci- pitent vers l'endroit où les casques des morts ont été déposés. Chacun essaye un ou plusieurs de ces casques jusqu'à ce qu'il en trouve un à sa convenance. Il y a des soldats qui ont rendu vingt jours de suite les derniers devoirs à leurs cama- rades sans pouvoir arriver à être bien coiffés.

Le troisième spectacle auquel j'ai as- sisté est le défilé des voyageurs venant de Paris.

La convention du 28 janvier permet aux Français d'aller où leurs affaires les ap- pellent, mais les Prussiens n'aiment pas que les Parisiens viennent à Versailles. Ils sentent d'abord que le prestige de leur cour de Gérolstein doit en souffrir, et ils tiennent à humilier le peuple qui les a tenus pendant quatre mois et demi en échec.

Aussi ont-ils imaginé de faire conduire par des soldats, à travers les rues, les Pari- siens qui arrivent par la rive droite, jus- qu'à la gare du chemin de fer de Bre- tagne. Les voyageurs sont donc massés en colonne dans la cour de la gare. Des soldats bavarois se placent en tête et en queue, d'autres s'espacent sur les flancs, et la colonne se met en marche; comme une troupe de prisonniers. Je ne sais rien d'aussi blessant que cette façon de traiter des hommes, des femmes, des enfants! Je ne sais rien d'aussi mesquin que cette mesure à laquelle personne n'est préparé, et qui cause à tout le monde une douloureuse impression.

Les Bavarois, ces soldats ridicules dont la tenue rappelle les fameux pompiers de Nanterre, mettent un art tout particulier de gardes-chiourmes à l'exécution de cette manœuvre policière.

Si quelque voyageur s'avise de vouloir sortir des rangs, vite on l'y fait rentrer avec une brutalité révoltante. Arrivés à la gare, les malheureux apprennent qu'il leur faut attendre le train douze ou quinze heures. Pour comble de cruauté, on les interne dans des salles d'attente trop petites, dont tous les siéges sont occupés par des soldats allemands fumant leur pipe. Si un récalcitrant veut sortir sur le quai de la gare, il est immédiatement reconduit à coups de poings et à coup de pieds par un soldat, au milieu des éclats de rire des officiers.

Car il ne faut pas juger MM. les officiers allemands sur leur tenue dans les rues d'une grande ville où habitent leur souverain et leurs princes. C'est loin des regards des grands qu'on les voit sous leur vrai jour.

— Dites-moi, je vous prie, monsieur, les droits des voyageurs, demandait aujourd'hui un homme fort distingué à un grand escogriffe à poil roux, qui commande la gare de Versailles.

— Vos droits, monsieur, sont de vous taire, de ne pas m'ennuyer de vos observations et d'obéir à mes soldats.

C'est tout ce qu'on en put retirer.

Un autre, petit drôle que j'ai vu à Paris commis chez un changeur du boulevard, s'est livré devant moi à une escroquerie qui donne la mesure de la dignité des officiers allemands.

Un voyageur sort de la gare. Le facteur de la compagnie qui le suit brise une petite vitre avec la malle qu'il porte sur son épaule.

— Allez me chercher cet homme, dit-il à ses soldats.

On lui amène le voyageur...

— Imbécile, bête stupide, maladroit, payez ce carreau !...

— Quel carreau, dit le voyageur ahuri.

— Le carreau qu'on vient de casser avec votre malle. Donnez-moi cinq francs !

Et aussitôt deux soldats saisissent l'innocent voyageur, qui pour s'en débarrasser donne les cinq francs;

l'argent dans sa poche; allez-vous-en, vieille brute !

Est-il utile d'ajouter que la Compagnie n'a pas eu sa vitre payée? Mais les officiers allemands ont bien ri.

Voilà comment l'armistice est compris par ces messieurs.

13 février.

Entré hier soir dans la gare, pour savoir à quelle heure partait le train du Mans, j'ai été considéré comme un voyageur venant de Paris, et la rentrée dans la ville de Louis XIV m'a été interdite.

Me voilà donc condamné à passer la nuit au buffet, c'est-à-dire, dans un petit hangar en planches où les Allemands ont voulu qu'il soit vendu des saucisses.

Mais c'est là un des moindres désagréments du voyage que j'entreprends.

Ce matin, je me trouve bien payé de mes peines quand je puis voir, par la portière, nos belles campagnes, qui ont été labourées tout comme si jamais les Prussiens n'avaient existé.

A Saint-Cyr, l'Allemand abonde. L'école, qui n'a pas été brûlée du tout, mais seulement pillée, est convertie en ambulance. Le village n'est qu'une vaste caserne.

De Saint-Cyr à Rambouillet, pas l'ombre d'un casque dans les stations. Mais on voit, sur les routes, se profiler les longs convois de chariots et de bestiaux se dirigeant sur Versailles.

A Rambouillet, il y a garnison et passage. C'est un gîte d'étape important. Sur la porte de la chambre dans laquelle je vais réparer mes forces, je lis ces simples mots à la craie :

Von Treskow, général.

Ce qui veut dire que ce personnage a passé là la nuit précédente, et que le corps qu'il commande, venant de Versailles, est en route pour Chartres, le Mans ou Tours.

Quel singulier armistice que celui-là! Jamais on n'a vu autant de mouvements de troupes! Jamais le pays n'a subi autant de réquisitions! Jamais les habitants n'ont eu à loger plus de soldats !...

Et avant-hier, pour achever de donner à cet armistice une couleur étrange, on a frappé les départements de Seine-et-Oise et d'Eure-et-Loir d'une contribution de dix millions.

VI

La catastrophe d'Ablis.

14 février.

C'est tout auprès de Rambouillet qu'ont eu lieu les premières rencontres entre les

Prussiens, qui venaient d'investir Paris, et les petits corps de troupes qui n'étaient pas encore des armées nationales, et qui défendaient toutefois énergiquement, pied à pied, le sol de la patrie contre l'envahisseur.

C'est ainsi que, dans la nuit du 7 au 8 octobre 1870, une troupe de francs-tireurs, venus d'Auneau, surprit une centaine de hussards allemands qui occupaient le village d'Ablis, alors gros bourg agricole de mille habitants environ, situé à la rencontre de la route directe de Paris à Chartres, et de la route de Rambouillet à Étampes.

Les hussards avaient barricadé avec des meubles, des chariots, des bottes de paille les issues des routes, et y faisaient un service de fantassins. Deux d'entre eux furent tués et les autres emmenés prisonniers à Chartres avec les cent chevaux.

A la nouvelle de cette petite affaire, le général Von Schmidt, alors à Rambouillet, résolut d'empêcher le retour de ces expéditions, en infligeant à la population un châtiment effroyable. C'est ici que le drame commence.

Le général Von Schmidt arriva à Ablis le 8 octobre, avec une forte colonne de Bavarois, de cuirassiers blancs et de hussards du Schleswig. Il fit garder les issues et demanda qu'on lui livrât aussitôt un berger, accusé d'être allé prévenir les francs-tireurs d'Auneau de la faiblesse de la garnison d'Ablis. Comme personne ne connaissait ce berger, le général fit saisir vingt-deux habitants notables, qu'il ordonna de mener à Rambouillet.

Un de ces malheureux, nommé Poileau, voyant sa femme sur la route, voulut l'embrasser. On lui tira aussitôt, à bout portant, un coup de pistolet qui lui brisa le crâne. La pauvre femme fut littéralement couverte de sang et de débris de cervelle !…

Cette terrible exécution n'amenant aucune révélation, le général Von Schmidt fit attacher l'ancien maire, M. Thiroin, à un arbre, et le condamna à être fusillé. Déjà les fusils étaient dirigés vers sa poitrine, quand sa fille eut le courage de se placer entre eux et le corps de son père. Les soldats eurent un instant d'hésitation, et le général fit grâce.

Mais ce fut son seul acte d'humanité. Il eut presque aussitôt l'idée, non pas seulement de brûler le village, mais de le faire brûler par les habitants. Il leur accorda une demi-heure pour fuir et enlever leurs effets les plus précieux, puis en garda un certain nombre pour procéder à la confection des tas de paille et de petit bois qu'il fit former au devant des maisons.

Les soldats avaient ordre de tuer immédiatement tout homme requis qui refuserait d'obéir, ou paraîtrait hésitant.

On mit ainsi le feu à cent trente-huit bâtiments, pleins de récoltes, ou contenant des chevaux et des bestiaux. Le général fit fermer les portes des étables pour que ces animaux fussent brûlés vifs. L'école, transformée en ambulance, fut détruite. L'hospice, très solidement construit, n'ayant pu être entamé par les flammes, les cinq habitants qu'on avait chargés de l'incendier, furent tués sur la place. Deux autres furent blessés. Une pauvre vieille paralytique fut asphyxiée par la fumée.

A la nuit, une immense colonne de flammes qu'on apercevait de toute la Beauce s'éleva sur le plateau d'Ablis. Un cordon de troupes entourait le gigantesque foyer. Les silhouettes des soldats se détachaient sur la flamme claire. Des cris horribles, que la souffrance arrachait aux animaux que le feu dévorait à l'intérieur du village, se mêlaient aux lamentations des habitants éperdus qui couraient par la campagne, cherchant un asile.

Pendant huit jours Ablis ne fut qu'un monceau de cendres fumantes qui prenaient la nuit de rouges lueurs. Au bout de ce temps seulement les bourreaux laissèrent les habitants rentrer dans les ruines de leur village pour y chercher les épaves de l'incendie.

On a constaté officiellement, il y a quelques jours, que la valeur des bâtiments, des meubles, des grains et des bestiaux détruits dans cette terrible nuit du 8 au 9 octobre, s'élève à près de trois millions !

Qu'on juge maintenant de la somme de haines accumulées contre l'ennemi dans ce malheureux pays !

VII

De Rambouillet à Chartres

15 février.

Après avoir poussé une pointe sur Ablis, je rentre à Rambouillet, où je puis recueillir de la bouche même d'un témoin oculaire, — que je ne puis nommer en ce moment où le pays est encore occupé par l'ennemi, — ces deux petits récits absolument authentiques :

Le 2 janvier dernier, des francs-tireurs se présentent chez un cultivateur d'Anet, le village célèbre par le château de Diane de Poitiers. Ces braves gens mangent et boivent, puis se retirent sans dire à leurs hôtes de quel côté ils se dirigent.

Presque aussitôt, un petit corps prussien arrive chez le même cultivateur.

— Vous avez reçu tout à l'heure des francs-tireurs, demande l'officier.

— Oui, monsieur.

— Où sont-ils allés?

Je ne sais pas, répond le cultivateur. Les francs-tireurs ne disent jamais où ils passent la nuit.

— Ont-ils pris le chemin des bois?

— Je n'ai pas vu la route qu'ils ont suivie.

L'officier se retire mécontent. Il continue sa marche, et, à peine arrivé à la lisière du bois d'Anet, il est salué par une vive fusillade.

Il revient au village précipitamment, avec sa troupe, et fait cerner la maison du cultivateur.

— Vous avez un cordeau, monsieur? lui dit-il avec cette politesse froide qui est le propre des officiers allemands.

— Oui, monsieur.

— Alors, tendez-le de cette fenêtre à la cheminée.

Le cultivateur obéit, sans comprendre cet ordre singulier.

— Faites venir vos domestiques, et alignez-vous, avec eux, le long de ce cordeau.

Le cultivateur et six de ses valets de ferme se rangent comme le voulait l'officier.

La fenêtre était ouverte.

— Ne bougez pas, monsieur, dit l'officier.

Et du seuil de la porte, tandis que, son revolver à la main, il empêche les sept paysans de faire un mouvement, il donne à ses soldats l'ordre de faire feu par la fenêtre.

Les sept malheureux tombèrent foudroyés.

Je répète que je tiens ce récit d'un personnage que je ne puis nommer aujourd'hui, mais que je nommerai le jour où il sera possible de le faire. Son nom seul sufdra à lever tous les doutes.

Le lendemain, dans le même village, les Prussiens ayant trouvé un fusil de chasse dans une chaumière, fusillèrent séance tenante les trois hommes qui l'habitaient.

Me voici sur la route de Chartres. Jusqu'à Saint-Hilarion, je ne rencontre sur le chemin que des chariots de réquisitions, conduits par des Israélites allemands, dont le commerce interlope consiste surtout à transporter des traînards de l'armée. Quand le chariot passe devant une maison isolée, le charretier s'arrête et fait main basse sur un objet à sa convenance. Aussitôt, le paysan crie : Au voleur!... Mais les soldats, voiturés gratis, interviennent, fusil en main, et trouvent que leur obligeant compatriote a raison.

A Saint-Hilarion, le spectacle change. Sur les hauteurs, à gauche et à droite, au dessus du moulin d'Ameil, on aperçoit deux plates-formes grossièrement taillées dans le flanc des collines, et dominant la petite ville d'Epernon. C'est l'emplacement des deux batteries prussiennes qui ont assuré à l'ennemi la petite victoire du 4 octobre.

Les Allemands avaient pris Versailles et Rambouillet sans éprouver de résistance. Il leur fallait Chartres, centre d'un pays de production considérable; Chartres, tête de ligne de quatorze routes, rayonnant dans la Normandie et la Beauce. Epernon est la sentinelle avancée de Chartres. Epernon était gardé, mais n'avait pas d'artillerie. Aussi, tandis que nos soldats se barricadaient dans les rues de la petite ville, les Prussiens se préparaient à la bombarder, comme si c'eût été une place de guerre.

Le 4 octobre, à six heures du matin, trois ou quatre cavaliers prussiens étaient venus faire une reconnaissance jusqu'à la Madeleine, faubourg d'Epernon. Ayant aperçu la barricade de la route, ils avaient rebroussé chemin.

Deux hauteurs, dominant la ville, étaient occupées par la mobile d'Eure-et-Loir, que commandaient MM. de Castillon et Hippolyte Lecomte. Tandis que l'infanterie et la cavalerie allemandes s'avançaient par la vallée, l'artillerie canonnait les hauteurs. Les mobiles, qui voyaient le feu pour la première fois, ne purent tenir contre cette double attaque, et se débandèrent, à l'exception de deux compagnies qui restèrent auprès des commandants. M. de Castillon, à cheval, à découvert devant le château, maintint ses hommes jusqu'au moment où un obus, traversant le clocher, tomba au milieu de la ville et amena un désarroi général. Le noble commandant ordonna la retraite et quitta le terrain le dernier, restant toujours à cheval, au milieu d'une véritable grêle de projectiles.

Pendant ce temps, M. Lecomte, embusqué avec une centaine d'hommes dans les vignes, soutenait le choc d'un bataillon bavarois tout entier. Ces Allemands, croyant avoir devant eux des troupes considérables, levèrent la crosse en l'air, et s'avancèrent, le feu ayant cessé, jusqu'à quelques mètres des retranchements. Les mobiles, sans défiance, se réjouissaient de ce coup de filet qui leur livrait sept prisonniers par homme à peu près, lorsque les Bavarois s'aperçurent de la faiblesse de leurs adversaires. Aussitôt ils changèrent d'allure, relevèrent leurs armes et firent feu. Le commandant Lecomte tomba, frappé presque à bout portant, de trois balles.

Cet assassinat eût peut-être inspiré à de vieux soldats uue résolution héroïque. Mais nos cent jeunes mobiles, épuisés par cette journée de combat, lâchèrent pied, laissant vingt morts sur le terrain.

La route était libre. Quand les renforts qu'attendait le brave commandant Lecomte, arrivèrent le soir, les Allemands avaient installé leur artillerie sur les positions qui commandent la route de Maintenon.

Toutefois, c'est à Maintenon seulement que le lendemain ils arrêtèrent leur marche. Ils s'emparèrent, sans coup férir, du magnifique château du duc de Noailles, où quelque temps après, le troisième frère du roi Guillaume, le vieux prince Albert ou Albrecht, vint soigner ses rhumatismes, son catarrhe, et cette singulière maladie qui l'empêche également de rester debout, assis ou couché. Albrecht est un prince triangulaire. Son premier soin, en arrivant à Maintenon, fut de se faire confectionner, par un charron du pays, nommé Gohier, une sorte de pyramide en crin, sur laquelle il se déclara fort à l'aise. Si M. le duc de Noailles ne retrouve pas ses collections intactes, du moins héritera-t-il de ce siége singulier, ressemblant beaucoup au sommier d'un de nos financiers parisiens les plus célèbres.

On me pardonnera de ne suivre aucun ordre chronologique dans ces notes de voyage, et de me conformer à mon itinéraire, souvent contrarié par de fâcheuses rencontres. Du reste, de Maintenon à Chartres, j'effectue ma route avec facilité. Les nombreux villages, en terre et en chaume, que je traverse, sont absolument remplis de Prussiens. On en met cinq cents dans un hameau de deux cents feux. Ils mangent, boivent, fument toute la journée, et n'ont avec les habitants paisibles des chaumières que de bonnes relations.

J'arrive à Chartres, où j'entre sans aucun embarras. La ville est encombrée d'Allemands, mais elle en a pris l'habitude. Il y a des Bavarois qui sont là depuis le jour de la prise de possession, et qui se considèrent comme du pays.

Dans un salon de la rue du Grand-Cerf, je vois un de ces hommes qui accomplit la besogne de frotteur avec une remarquable dextérité. Mais ce que j'y vois aussi, c'est, au milieu d'une grande et belle jardinière, pleine de fleurs, — brillant, verni, poli, doré, éblouissant dans sa laideur, horrible dans son neuf, — un

casque en cuir bouilli, avec sa couronne royale en or, son L initiale, et sa chenille noire, un casque bavarois enfin !... entre un camélia et une rose.

C'est un bataillon bavarois qui constitue la garnison de Chartres, ville où les jours se suivent et se ressemblent peu. Aujourd'hui, Chartres contient vingt-cinq mille hommes. Demain, on sera réduit — bonheur relatif — aux Bavarois de garde. Et après-demain, dix mille hommes seront de nouveau installés. C'est le grand centre du passage et du ravitaillement. La gare est encombrée de sacs de grains qu'on envoie en Allemagne. J'ai vu de ces sacs confectionnés avec de la toile à matelas. La récolte a été belle en 1870, dans le pays chartrain! Et il a fallu que les pauvres cultivateurs sacrifiassent jusqu'à leur paillasse pour emballer ce grain confisqué par l'ennemi !

Le préfet prussien de Chartres se nomme Camille Winter. C'est, comme son collègue de Versailles, un doux rêveur, qui s'occupe sérieusement de sa fortune personnelle. Il procède par petites sommes, et il s'occupe beaucoup des menus détails. Aujourd'hui, il a fait une recette de trois cents francs en deux affaires. Les Prussiens ont des sabres dont la lame est à deux usages : couteau d'un côté, scie de l'autre.

Des soldats, las d'employer pour leur chauffage du bois vert qui brûle mal, débitent avec le côté scie, et fendent avec le côté couteau de leur sabre un poteau télégraphique, placé précisément à la limite de deux communes. Dans sa souveraine justice, le Salomon chartrain trouve que ce méfait vaut trois cents francs d'amende, et estime que cette amende doit être payée pour moitié par chacun des maires des deux communes limitrophes. Quand une pareille sentence est rendue, il ne faut pas surseoir à son exécution; aussi les deux maires sont-ils accourus en toute hâte chez l'honorable Camille Winter, lui apporter l'argent.

Vous pensez peut-être que j'ai surpris le secret de cette petite flouterie !... Eh bien ! pas du tout, je trouve la chose dans le journal officiel prussien d'Eure-et-Loir, et cet organe de la grande nation allemande a le soin d'ajouter que les deux maires ont été sages d'agir ainsi pour éviter à leurs communes les horreurs de l'exécution militaire !...

La prise de Chartres a failli être un drame militaire important.

Cette ville était défendue par trois cents marins, quelques artilleurs et cinq mille gardes nationaux, francs-tireurs de la Sarthe et mobiles, commandés par M. le capitaine de vaisseau Duval.

Une véritable armée prussienne, composée de plus de vingt mille hommes, arriva par la route de Châteaudun, et prit position, le 21 octobre, sur les hauteurs qui entourent la ville et la dominent absolument. Un commencement de résistance s'organisa.

Le faubourg appelé le Pavé de Bonneval fut aussitôt canonné par l'ennemi, qui fit des dégâts considérables. Les grosses pièces, qu'on apercevait distinctement sur les collines du Coudray et de Gellainville, menaçaient la ville haute, et ses deux merveilleux édifices, la cathédrale et Saint-Aignan. Quiconque connait Chartres comprendra qu'une journée de bombardement eût suffi pour amener la destruction de tout ce vieux quartier de maisons de bois, habité par une population nombreuse et pauvre.

L'exemple de Châteaudun était là. Le préfet, M. Labiche, se rendit donc au quartier général prussien des Trois-Ponts, après une escarmouche qui coûta la vie à une douzaine d'hommes. Il parla haut et ferme, et obtint que la garnison sortirait de la ville, avec armes et bagages, par les deux routes de Courville et de Digny, conduisant à Nogent-le-Rotrou, tandis que les Prussiens, gardant leur artillerie sur les positions de bombardement, entreraient par es autres voies et s'installeraient immédiatement chez les habitants. C'était, on le voit, une capitulation honorable pour une ville qui n'a même pas un mur de clôture.

A peine arrivés, les Prussiens, manquant comme d'habitude à la foi jurée, désarmèrent la garde nationale, mais la retraite des troupes fut respectée.

Dès le lendemain, la garnison fut réduite aux Bavarois, qui s'étaient si lâchement conduits à Epernon, mais dont on n'aperçut bientôt que les ridicules.

VIII

Châteaudun

18 février.

Cette fois nous n'avons pas été trompés. Châteaudun a bien héroïquement succombé comme on nous l'a dit. Notre admiration et notre sympathie étaient méritées.

Je viens de parcourir les ruines. On ne voit plus, le long des rues, que les façades à jour des maisons détruites. Les chaussées sont jonchées de décombres. Quelques malheureux cherchent encore, dans les débris, un peu de fer, un peu de bois. Quatre uhlans passent au petit pas, regardant curieusement cet affreux spectacle et cherchant à déchiffrer les enseignes, semblables à des fragments d'un jeu de patience dont les morceaux principaux ont été perdus.

Dans la longue rue de Chartres, pas une seule maison n'est restée debout. C'était la voie la plus fréquentée de la ville. Les jours de marché, une véritable foule se pressait devant les étalages de ses magasins, dans ses boutiques bien achalandées. Une autre grande artère, la rue d'Orléans, et chacune des voies qui les relient ont toutes leurs maisons détruites. A peine quelques débris de murs peuvent-ils servir à faire reconnaître les limites des propriétés. Le manque presque absolu de moyens de transport, dans un pays où l'ennemi a volé tous les chevaux et toutes les voitures, a rendu impossible l'enlèvement des décombres, et dans une douzaine de rues, il faut se frayer un passage à travers les amoncellements de débris de toutes sortes. Il y a aujourd'hui quatre mois que la catastrophe a eu lieu, et il semble qu'elle date d'hier. Les habitants de Châteaudun savent que le gouvernement et les particuliers ont organisé des souscriptions pour les secourir, mais ils n'ont rien reçu encore, et les plus malheureux attendent, chez ceux qui ont été préservés, le moment où ils pourront relever leurs maisons détruites et reprendre leurs travaux que la guerre a interrompus.

Avant de raconter la catastrophe de Châteaudun, je dois aller au devant d'une réflexion que ne manquera pas de faire le lecteur. La présence des francs-tireurs à Châteaudun a amené le désastre dont la ville a été victime, comme leur présence à Ablis a causé la ruine de ce village. Si la férocité des Allemands envers les francs-tireurs et ceux qui leur donnaient asile est la preuve de leur lâcheté, puisque leur seul motif de haine est que les francs-tireurs combattent homme contre homme, poitrine contre poitrine, il faut bien dire aussi, et dire bien haut, que le gouvernement de Tours a commis une monstreuse imprévoyance en chargeant ces braves volontaires de la défense de villes et de villages, sur lesquels leur présence a attiré de pareilles représailles. Tandis que l'armée proprement dite manquait d'éclaireurs, les francs-tireurs, qui eussent pu si bien en faire l'office, étaient employés à des opérations défensives, entraînant les conséquences que l'on sait.

La population de Châteaudun était résolue à se défendre, et elle l'a prouvé. Mais elle se considère à bon droit comme victime de l'incurie d'un gouvernement qui ne lui a fourni que des moyens de défense incomplets et dangereux. Croirait-on, par exemple, que Châteaudun, ville placée sur un coteau inaccessible en plusieurs endroits, n'avait pas une seule pièce de canon !... alors qu'une redoute y avait été construite! Croirait-on aussi qu'alors que le corps de troupes irrégulières chargé de la défense ne comptait que sept cents hommes, aucun ordre n'avait été donné pour venir à son secours en cas d'attaque par des forces considérables?

Châteaudun a bien mérité de la patrie ! a écrit le gouvernement de Tours. Oui, l'héroïque petite ville s'est sacrifiée à l'honneur du pays! Mais ce qui est triste à dire, c'est qu'à l'heure suprême du péril, elle en comprenait toute l'étendue, elle savait qu'aucun espoir n'était permis, qu'aucun dénoûment heureux ne pouvait couronner sa résistance. Elle le savait, et elle a lutté tout de même, voulant donner un grand exemple, et pensant que cet exemple ne serait pas perdu. Elle le savait et elle croyait que chaque ville allait se lever comme elle s'était levée. Elle voulait donner le signal de la guerre sainte, et il faut bien reconnaître que son triste sort n'a fait, au contraire, que déterminer les villes ouvertes à ne pas tenter une défense impossible, avec un gouvernement imprévoyant et incapable.

Ceci dit, passons aux faits (1).

Châteaudun était, depuis l'investissement de Paris, le quartier général de M. le comte Ernest de Lipowski, commandant supérieur des francs-tireurs de Paris, C'est là que cet officier, dont on ne saurait méconnaître le courage, organisa toutes ces petites excursions qui, — comme celle d'Ablis, — ont causé peu de mal aux Prussiens, mais ont amené pour nos pauvres compatriotes d'épouvantables catastrophes.

Le mardi 11 octobre, à la suite du combat d'Arthenay, l'ennemi occupa Orléans. Sûr de ne plus rencontrer d'armée française en chemin, il forma comme une immense ligne de peu de profondeur, destinée à balayer de l'Est à l'Ouest toutes les petites troupes françaises qui occupaient le département d'Eure-et-Loir. Le lendemain du combat d'Arthenay, les Prussiens occupant Saint-Sigismond, Saint-Péravy-la-Colombe, Patay et Cormainville, menaçaient déjà Châteaudun. Aussi la municipalité, comprenant qu'une

(1) On comprend qu'au bout de quatre mois il était assez difficile de retracer les incidents du drame. Deux habitants de Châteaudun, MM. L.-D. Coudray et Albert Rousseau, ont bien voulu me servir de guides et me communiquer tous les documents nécessaires pour que mon récit soit l'expression la plus complète et la plus sincère de la vérité.

ville ouverte ne pouvait arrêter l'invasion avec une troupe de francs-tireurs, désarma la garde nationale, et invita le comte de Lipowski à quitter la ville pour lui éviter des malheurs certains.

Les francs-tireurs partirent. Mais la population dunoise voulait absolument résister à l'ennemi. On demanda des troupes au gouvernement de Tours, en lui faisant remarquer qu'avec quelques canons Châteaudun tiendrait longtemps, et, grâce à sa situation, pouvait devenir une sorte de place forte, suffisant à arrêter de ce côté les progrès de l'invasion.

Pour toute réponse, le gouvernement de Tours nomma le comte de Lipowski commandant de la ville, et adjoignit à ses six cent cinquante francs-tireurs de Paris une compagnie de cent cinquante francs-tireurs de Nantes, commandée par le capitaine Legail.

M. de Lipowski fit prendre les armes à la garde nationale, et organisa aussitôt la défense avec une grande énergie. En trois jours de solides barricades fermèrent toutes les issues. Les murs extérieurs de toutes les propriétés bordant la ville furent crénelés. Enfin une redoute fut construite au delà de l'enclos des Dames blanches, de façon à pouvoir y établir de l'artillerie, et à empêcher l'artillerie ennemie de prendre des positions de bombardement autour de Châteaudun. Seulement l'artillerie n'arriva pas.

Obligé d'occuper ses soldats à la confection des ouvrages de défense, le commandant ne put faire des reconnaissances suffisantes du côté de Patay, de sorte que, le 18 octobre, à midi, sans qu'on s'y attendît le moins du monde, on se trouva investi par une troupe de douze mille hommes, occupant toutes les routes, sauf celle de Nogent-le-Rotrou, avec cinq batteries d'artillerie installées sur cinq points différents, en demi-cercle, menaçant tous les quartiers, du moulin de la Boissière à l'enclos des Récollets. Ce demi-cercle d'investissement était à une distance de mille mètres environ des lignes de défense de la ville. Le général Wittich, assisté du duc de Saxe-Meiningen, avait dirigé cette opération.

Aux huit cents hommes de M. de Lipowski se joignirent aussitôt quatre cents gardes nationaux de la ville, commandés par M. Testanière. A la ligne d'investissement, on opposa une ligne de tireurs qui s'embusquèrent à tous les créneaux, derrière toutes les barricades. La redoute des Dames blanches, n'étant pas armée, pouvait être prise par l'ennemi, qui, s'y installant, aurait pu détruire Châteaudun en une heure. M. de Lipowski y envoya une centaine de ses meilleurs francs-tireurs, commandés par le lieutenant Henri Chabrillat, notre ami et collaborateur du *Figaro*, avec mission de tenir jusqu'à la mort.

La fusillade commença aussitôt sur tous les points. Par les routes d'Orléans et de Chartres, on voyait s'avancer les fortes colonnes d'infanterie bavaroise, formant la réserve.

Les Allemands s'embusquaient derrière tous les buissons, s'installaient dans toutes les maisons isolées situées en dehors des lignes, à cent mètres ou même à moins, et de là tiraient sur nos soldats, chacun visant, cherchant son homme, avec une rage égale des deux côtés.

A une heure, l'artillerie, installée à Jallans, attaqua la gare du chemin de fer qui formait un poste avancé. On l'évacua aussitôt, pour se renfermer davantage dans les lignes. A une heure un quart, un obus tomba sur l'hôtel de ville. Ce fut comme un signal du bombardement général.

Jusqu'à sept heures du soir, la pluie d'obus ne cessa pas. Plus de trois cents maisons furent atteintes, et douze furent incendiées par les matières inflammables contenues dans un certain nombre de projectiles. Les artilleurs ennemis avaient pris pour point de mire l'énorme clocher en pierre de Saint-Valérien, espérant, comme ils l'ont reconnu plus tard, le faire crouler et écraser beaucoup de monde sous ses décombres.

Le commandant de Lipowski était partout. Il allait de barricade en barricade, de maison en maison, encourageant ses hommes, leur distribuant de ces bonnes paroles qui donnent du cœur au ventre aux plus timorés. A chaque instant les colonnes allemandes qui occupaient les routes se repliaient, décimées, puis revenaient à la charge.

Cela dura jusqu'à sept heures. A ce moment on entendit un bruyant hourrah! suivi de cris de terreur, et le bombardement cessa subitement.

Les Bavarois venaient d'enlever les deux barricades de la rue de Chartres, dont presque tous les défenseurs étaient tués, et, en colonne serrée, entraient dans la ville. Pendant une heure, ils se répandirent dans les rues du quartier Saint-Valérien, prenant toutes les barricades à revers, et obligeant francs-tireurs et gardes nationaux à se replier jusque sur la place Royale. Pendant ce temps aussi, les troupes d'investissement abandonnaient leurs positions, et suivant le demi-cercle venaient rejoindre les routes d'Orléans et de Chartres, pour pénétrer dans la ville par la brèche ouverte.

La place Royale, vaste esplanade qui s'étend devant l'hôtel de ville, coupe Châteaudun en deux parties à peu près égales, le quartier de Saint-Valérien et le quartier de la Madeleine. Dans le premier de ces quartiers, les Allemands étaient massés. Les francs-tireurs et les gardes nationaux étaient massés dans l'autre. La place Royale était le champ de bataille. Souvent les masses sombres des Bavarois y faisaient irruption. Aussitôt la fusillade, partant de tous les coins des rues, de toutes les fenêtres, les obligeait à se replier.

Jusqu'à neuf heures et demie, cette lutte dura implacable. Mais M. de Lipowski, voyant les progrès du terrible incendie qui dévorait le quartier de Saint-Valérien, jugea qu'il n'était plus possible de résister et ordonna la retraite. Elle s'opéra en bon ordre. On ne laissa pas un seul franc-tireur au pouvoir de l'ennemi. Jusqu'à trois heures du matin, le commandant resta avec le lieutenant Chabrillat, près du château, dirigeant ses hommes et les habitants vers le faubourg Saint-Jean, et donnant les ordres nécessaires pour que la petite armée pût se reformer à Brou, sur la route de Nogent-le-Rotrou, à cinq lieues de Châteaudun. Ils partirent les derniers, à cheval, éclairés par l'immense flamme qui couvrait la moitié de la ville.

Dès sept heures et demie, les Bavarois, armés de torches, de brandons imbibés de pétrole, forçaient les portes des maisons du quartier de Saint-Valérien, et mettaient le feu aux rideaux, aux lits, aux tas de bois, à tout ce qui était combustible, enfin. Dans la rue d'Orléans, ils allumèrent ainsi le lit d'un pauvre vieillard paralytique, qui fut brûlé vif. Rue de Chartres, un capitaine français retraité ayant fait des remontrances à un officier bavarois, celui-ci lui tira à bout portant un coup de pistolet, et fit jeter le cadavre par la fenêtre. Douze personnes furent asphyxiées par la fumée dans les caves où elles s'étaient réfugiées.

Mais l'heure du dîner sonnait pour l'état-major. Le général Wittich, le duc de Saxe Meiningen, et un certain prince Albert, dont je n'ai pu découvrir la principauté, entrèrent dans l'hôtel du Grand-Monarque, le plus vaste de la ville, et se firent servir un dîner de soixante dix couverts. Le maître d'hôtel, M. Sénéchal, espéra un moment que sa maison était sauvegardée et fit tous ses efforts pour contenter ses hôtes.

— Mettez sur la table des fleurs et beaucoup de bougies! dit le duc de Saxe.

Le repas fut splendide. On entendait au dehors le bruit de la fusillade, les cris des mourants, les crépitations de l'incendie.

Les convives portaient des toasts à leurs souverains respectifs, à la reine Augusta, à Bismarck, à de Moltke, etc. La cave entière menaçait d'y passer, quand Wittich demanda M. et madame Sénéchal.

— Vous nous avez fait un très bon dîner, leur dit-il. Aussi je veux vous récompenser par un bon avis. Prenez vite votre argent et ce que vous avez de plus précieux et allez-vous-en, car nous allons brûler votre maison.

Les malheureux se mirent à genoux, prièrent, supplièrent, rien n'y fit.

— Allez-vous-en donc, s'écria le duc de Saxe, car vous allez être brûlés du même coup.

Et prenant sur la table une bougie, il s'approcha d'un rideau et y mit le feu. Tous les officiers l'imitèrent. Ils se répandirent dans la vaste maison, tenant chacun une bougie à la main, et allumèrent tout ce qui pouvait s'enflammer. Plusieurs faillirent être asphyxiés en quittant les étages supérieurs, tant le rez-de-chaussée avait vite pris feu !

Deux cent trente-cinq maisons étaient ainsi brûlées, allumées à la main par les soldats bavarois, qui vengeaient leurs deux mille hommes tués dans la journée autour de Châteaudun sur les habitants inoffensifs.

Ce ne fut pas tout. Se répandant vers onze heures du soir dans le quartier de la Madeleine, habité généralement par des rentiers, ils forcèrent les portes des maisons, volèrent tout ce qui se trouva à leur convenance et brisèrent le reste. L'état-major s'installa à la sous-préfecture, laissant les soldats se livrer à tous les brigandages avec une liberté absolue.

C'est à ce moment qu'une religieuse de la Providence, la sœur de Chantal, s'illustra par un trait de dévouement sublime.

Des Bavarois ivres venaient d'arrêter une douzaine de gardes nationaux qu'ils allaient fusiller. Déjà ces malheureux étaient alignés le long du mur de la maison de M. Dumanoir, place Royale, quand la sœur de Chantal se jeta entre les Bavarois et eux. Les Bavarois, qui sont catholiques, hésitèrent à tirer, et voulurent repousser l'héroïque religieuse qui résista avec énergie, leur criant en allemand :

— Je vous jure que ce ne sont pas des francs-tireurs ! ce sont des gardes nationaux, habitants de la ville. Si vous les tuez, vous me tuerez d'abord !

Les cris de cette courageuse femme attirèrent un officier. Il ordonna de surseoir à l'exécution jusqu'à ce qu'il eût pris l'avis du général Wittisch.

— Eh bien ! répondit le général, qu'on ne les fusille pas, mais qu'on fasse cent prisonniers ! n'importe qui, prenez au hasard.

On ne put prendre que ces douze hommes. Mais le lendemain, un avis du maire ayant invité les habitants à porter leurs fusils à la mairie, des soldats apostés dans le voisinage en arrêtèrent cent au passage qui furent conduits à Colberg, en Poméranie, où ils sont encore au moment où j'écris.

Cent soixante-cinq défenseurs de Châteaudun avaient succombé.

Pendant deux jours et deux nuits l'incendie continua, dévorant tout. Le maire, M. Lumière, dont on ne saurait trop louer l'attitude énergique, demanda et obtint que les pompiers fussent autorisés à organiser le sauvetage. Mais en même temps qu'il faisait cette concession, le général Wittisch ordonna le pillage des parties de la ville non incendiées. On vit, parmi les pillards, un chirurgien de l'armée allemande, qui dévalisa complétement la maison d'un médecin, brisa tous les instruments et brûla tous les livres qu'il ne daigna pas emporter !

Le général voulut frapper en outre la ville d'une contribution de guerre de deux cent mille francs. Le maire obtint que cette amende fût réduite à cinquante-deux mille. Il obtint aussi une réduction considérable sur la quantité de réquisitions en nature que le général voulait opérer, se fondant sur cette raison que tous les magasins de Châteaudun étant brûlés, il était impossible d'y trouver des marchandises.

Le 20 octobre, à quatre heures du matin, les troupes allemandes quittèrent la ville, et prirent la route de Bonneval, où nous les retrouverons.

Mais Châteaudun n'en avait pas encore fini avec les Prussiens.

Le 28 novembre, le général de Thann vint occuper la ville, avec un corps de troupes considérable. Pour se distraire, il fit brûler toutes les archives de la mairie et de l'arrondissement.

Il se fit servir, dans l'ancien salon du sous-préfet, un repas magnifique, dont il parut fort satisfait. Il demanda la carte que la maîtresse d'un hôtel de Châteaudun lui apporta. Il l'examina avec attention.

— Vous êtes une très honnête femme, lui dit-il. Votre dîner était excellent, et le prix est très raisonnable. Pour vous payer, prenez cette pendule !...

Et il montrait la pendule du sous-préfet. La maîtresse d'hôtel fit un mouvement sur lequel le général se méprit.

— Cela ne vaut pas assez ! s'écria-t-il. Je vous demande bien pardon, madame, si je me suis trompé. Prenez alors aussi la pendule qui est en bas, cela fera le compte !

J'ai vu la pendule, que la maîtresse d'hôtel rendra aux autorités, naturellement, quand la paix sera faite.

Le 10 décembre, un corps d'armée fit irruption dans la ville, et emporta tout ce qu'il y avait de vivres et de vêtements d'hiver.

C'était le duc de Mecklembourg qui commandait. Il s'y livra à des ripailles pantagruéliques.

Cela n'empêcha pas que le 13, une patrouille de uhlans ne se rencontrât dans les rues de Châteaudun avec un peloton de francs-tireurs, qui les tailla en pièces. Sans l'intervention du maire, qui trouva moyen de fléchir le duc de Mecklembourg, la ville aurait subi un nouveau bombardement de six heures. Déjà les pièces d'artillerie étaient en marche.

Le 15, un nouveau danger menaça Châteaudun. Un uhlan ivre était entré dans l'église de Saint-Valérien, et, monté sur le maître-autel, il se préparait à y déposer des ordures quand son pied glissa sur le marbre des saintes reliques. Il tomba, et, dans sa chute, son pistolet partit et le blessa grièvement.

Il déclara qu'il avait vu un franc-tireur placé dans la tribune de l'orgue lui tirer un coup de fusil.

C'était invraisemblable, mais les Allemands n'y regardent pas de si près. Le lendemain la ville était occupée militairement, frappée de toutes sortes de réquisitions et soumise à une amende de cinquante mille francs.

Heureusement qu'il y a à Châteaudun un homme énergique, M. Picard, directeur de l'ambulance irlandaise, qui parle très nettement l'allemand et qui trouva moyen d'éviter l'amende.

Le chirurgien ayant extrait la balle, on vit bien que c'était une balle prussienne, mais cela ne suffisant pas, aux yeux [des autorités allemandes, pour innocenter la ville, M. Picard eut l'idée de faire croire au uhlan qu'on allait l'amputer, qu'il était à craindre qu'il ne survécût pas à l'amputation, et qu'il ferait bien de se mettre en règle avec sa conscience. Le uhlan effrayé jura sur la Bible qu'il allait dire la vérité, la vraie. On l'écrivit sous sa dictée ; il avoua qu'il avait commis un mensonge ; et il signa.

Il fallut bien alors que le duc de Mecklembourg levât l'amende.

— Vous avez de la chance, monsieur, dit le duc à un notable de la ville, que je n'aie pas suivi ma première inspiration. Je voulais tout d'abord bombarder ce qui reste de Châteaudun pour cette affaire.

Et maintenant voici que je ne puis même pas toucher la contribution de guerre.

On voit que ce noble personnage a la plaisanterie sinistre.

Tels sont, en résumé, les faits qui ont eu lieu à Châteaudun pendant l'invasion de 1870. J'ai pensé qu'au sujet des malheurs de cette ville, le temps des déclamations était passé. Les erreurs volontaires commises par la délégation de Tours sur tous les événements de la période d'investissement de Paris ont pu faire croire que la catastrophe de Châteaudun n'avait pas eu l'importance qu'on lui attribuait. C'est pourquoi j'ai tenu à donner à mon récit la sécheresse d'un procès-verbal. Je ne serais même pas démenti par les Prussiens, qui trouvent leur conduite absolument justifiée, par ce seul fait de la présence des francs-tireurs dans la ville. Un personnage allemand, que je ne puis nommer encore, me disait, à Versailles, à propos de cet incendie :

— Pourquoi les habitants se sont-ils mêlés de la guerre ? Nous leur avons dit cent fois que nous ne combattions que les soldats et pas du tout les populations. C'est aux populations à rester tranquilles si elles ne veulent pas être inquiétées.....,

La France ne raisonnera pas ainsi, je l'espère, et elle inscrira en tête de sa dette nationale, les cinq millions que coûtent aux Dunois, la ruine de leur ville. Un des défenseurs de Châteaudun me demandait même de publier à ce sujet un petit calcul féroce qui, en somme, a bien sa valeur.

— Ce désastre a coûté cinq millions, il est vrai, me disait-il, mais enfin nous avons tué deux mille Allemands. Si toutes les villes de France avaient fait comme Châteaudun, en admettant qu'elles eussent eu le même sort, on eût pu tuer un million d'ennemis, au prix moyen de deux mille cinq cents francs par homme ! Et la paix glorieuse, l'extermination de l'ennemi, ne nous eût coûté que deux milliards et demi ! Croyez-vous que la paix forcée que nous allons faire ne nous coûtera pas davantage ?...

Il est bien tard, sans doute, pour publier ce calcul autrement qu'à titre de renseignement. Puisse-t-il, toutefois, inspirer à nos ennemis la pensée salutaire de ne pas persister dans des prétentions folles, qui donneraient à nos fils, sinon à nous-mêmes, l'idée d'une revanche.

Il est un droit qu'ont les populations, et que la jurisprudence militaire des Prussiens ne saurait leur enlever. C'est le droit de s'ensevelir sous les ruines de leurs maisons ! Et l'on vient de voir que ce sacrifice coûte moins à une nation qui se défend, et coûte plus à un ennemi implacable, que la belle guerre classique que M. de Bismarck et son auguste maître ont mise à la mode.

— Ils ont brûlé mon linge, mes meubles et mes récoltes, me disait mon hôte de Châteaudun. Eh! bien, monsieur, vous me croirez si vous voulez, mais j'aime mieux avoir vu brûler tout cela que le leur avoir vu emporter.

C'est toujours une consolation.... en attendant la réparation qui ne doit pas tarder.

IX

De Châteaudun à Senonches

19 février.

Le département d'Eure-et-Loir a opposé à l'ennemi une barrière qui a longtemps contrarié son plan d'invasion. Je viens de raconter ce qui s'est passé à Chartres et à Châteaudun. Nous allons, si vous le voulez bien, parcourir ensemble une route tout le long de laquelle il y a à glaner des détails intéressants.

Je sors de Châteaudun par la route de Toury, et je rencontre en chemin les usines de deux villages, Civry et Varize, qui furent le théâtre d'un drame moins connu, mais tout aussi terrible, en ses petites proportions, que la catastrophe de Châteaudun.

Le 10 octobre, un détachement de cavalerie prussienne allant en reconnaissance vers Châteaudun, passa par le village de Varize, situé au milieu d'un marais que forme la Conie, et relié à la terre ferme par les deux extrémités de la route qui le traverse. Quand le détachement revint, les habitants, armés, s'étaient embusqués. Ils tuèrent deux cavaliers et firent cinq prisonniers qu'ils menèrent à Châteaudun avec quatre chevaux.

Les femmes de Varize tremblèrent bien un peu en songeant aux représailles que ce petit combat amènerait. Mais quand elles virent extraire des bagages des morts une douzaine de châles volés aux environs, elles n'essayèrent plus d'empêcher leurs maris de se livrer à cette chasse aux pillards...

La vengeance ne tarda pas. Le 14, deux cents cavaliers arrivèrent de Patay devant Varize. Les trente gardes nationaux de l'endroit les saluèrent par une décharge générale. Onze Prussiens tombèrent, tués sur le coup!

Les autres s'enfuirent vers Civry, village distant de deux kilomètres. Même réception les y attendait. Quatre cavaliers sont tués à la suite d'une première décharge. La troupe n'en attend pas une seconde et retourne en désordre à Patay.

Le lendemain, on envoie contre Varize une colonne de quinze cents hommes, infanterie, cavalerie et artillerie. Une partie de cette troupe fait un grand détour, de façon à ce que, simultanément, les deux extrémités du village soient barrées par des forces imposantes.

Les trente gardes nationaux se barricadent dans le village et acceptent le combat. Les femmes, les enfants, les vieillards, que le canon effraye, se réfugient dans les hautes herbes, et les braves paysans, répondant à l'artillerie avec leurs fusils à piston, mettent cinquante ennemis hors de combat. Mais eux-mêmes ont huit hommes tués et cinq blessés. Les barricades sont enlevées, le village est pillé, le butin est mis à l'abri, et toutes les maisons sont incendiées une à une avec du pétrole et du goudron!

Trois maisons et l'église échappent seules au désastre.

Quant à Civry, où la résistance fut aussitôt organisée, on l'incendia également dans la soirée; mais la moitié des maisons, qui venaient d'être reconstruites à la suite d'un incendie accidentel, ne furent que léchées par les flammes.

Quand les Prussiens s'éloignèrent, les paysans, de leurs impénétrables cachettes des marais, leur envoyaient encore des volées de coups de fusil!

Je rejoins la route de Chartres à Marboué, joli village situé sur le bord du Loir.

— Les Prussiens ont-ils commis quelque atrocité ici? demandai-je à une brave femme que je vis sur le seuil de sa porte.

— Non, monsieur, me dit-elle, mais je les ai vus passer, un jour, le mois dernier. Ils chantaient quelque chose de très doux. Plusieurs avaient sur l'épaule de grandes gaules avec une espèce de torchon mouillé au bout. — Qu'est-ce que c'est que ces bâtons-là? dis-je à une voisine. Un soldat qui parlait bien le français m'entendit : — Nous allons à la Chapelle-du-Noyer, me dit-il, incendier une ferme où l'on a donné à souper à des francs-tireurs... Et il me fit sentir le torchon qu'il avait au bout de sa gaule. Ça sentait comme la lampe du billard de l'auberge, quand elle fume...

Un peu plus avant, je vois les grilles ouvertes du château des Condreaux, appartenant au comte Reille. J'entre. Personne ne m'arrête. J'ouvre une porte sous la marquise et je parcours les appartements. Il n'y reste pas un meuble. Tout a été scrupuleusement enlevé. Il n'y a même pas un chenet dans les cheminées.

J'apprends alors qu'à la suite d'un petit combat livré dans le parc, un officier de uhlans a vendu au comptant, à des juifs allemands, tout le mobilier du château.

Ces honnêtes négociants se sont associé quelques traînards, et ont obligé les habitants du pays à leur acheter en détail tout ce que les Condreaux contenaient. Ils ont vendu ainsi jusqu'aux trousseaux de clefs !... Mais ils ont eu la gentillesse de laisser les portes ouvertes.

A Bonneval, je retrouve la trace de l'aimable grand-duc de Mecklembourg. Un officier de uhlans ayant été tué aux environs de la ville, le grand-duc fit, dès son arrivée, déshabiller entièrement un pauvre diable soupçonné de connaître l'auteur de ce meurtre et lui fit donner vingt-cinq coups de bâton. Le malheureux, le dos brisé, ne put ou ne voulut pas parler. Le grand-duc condamna alors la ville au pillage, puis lui imposa une contribution de vingt mille francs et... trois mille paires de bottes !

On paya, et comme les bottes étaient rares à Bonneval, on se contenta de prendre des souliers et des bottines d'hommes et de femmes et jusqu'à des chaussures d'enfant.

Tenant absolument à faire contribuer la petite ville à l'équipement de l'armée, le grand-duc demanda alors cinq cents mètres de drap blanc pour fabriquer des vestes de cuirassiers ! Le maire se rendit à Chartres et en rapporta tous les draps de couleur variée qu'il pût trouver. Le grand-duc s'en arrangea, lui disant gracieusement :

— Vous voyez comme je suis rond en affaires. J'espère qu'on gardera un bon souvenir de moi, à Bonneval.

Sur la route, je vois la magnifique ferme de Perruchay brûlée. Les sept hommes qu'elle contenait ont été envoyés prisonniers en Allemagne pour avoir donné asile, une nuit, à un détachement des francs-tireurs Lipowski.

20 février.

La garnison de Chartres partit le 21 octobre, après la capitulation dont j'ai donné les conditions, par les routes de Tourville et de Digny.

Le capitaine de vaisseau Duval, qui commandait cette petite armée, choisit pour quartier général la ville de Châteauneuf, située à l'ouest de la route de Dreux, tout près d'une forêt. Une véritable armée prussienne était campée de l'autre côté de la route, à Nogent-le-Roi et à Maintenon. N'ayant pu arrêter l'ennemi à Chartres, le brave capitaine Duval résolut de contra-

rier sa marche dans cette région, et quoique sa troupe ne se composât que d'environ cinq mille hommes, il y parvint.

La garde nationale de Châteauneuf fut désarmée le 11 octobre, et ses fusils, placés sur des chariots du pays qu'on ne revit jamais, étaient partis pour une destination inconnue. Aussi les Prussiens ne s'occupèrent-ils guère de cette ville pendant les trois ou quatre jours qui suivirent, et le capitaine Duval put, sans être inquiété, installer son camp dans la forêt.

Le 16 octobre, les Prussiens vinrent en nombre considérable pour faire des réquisitions. Nos troupes leur firent essuyer une défaite complète.

Le lendemain, quarante mille hommes environ se présentèrent devant la ville. Sans faire aucune sommation, on commença à bombarder. Le onzième obus venait de tomber, quand le maire, arborant le drapeau parlementaire, alla au devant de l'ennemi.

Le maire protesta contre ce bombardement insolite, et demanda au général ce qu'il voulait.

— Trente mille francs et des vêtements d'hiver.

On donna l'argent, et les soldats allemands enlevèrent, contre un reçu, tout ce que Châteauneuf contenait de tricot de laine et de flanelle.

Le 23 octobre ils revinrent, s'arrêtèrent à Thimert, devant Châteauneuf, et se mirent à bombarder avec une extrême violence. Le digne maire alla de nouveau parlementer.

— Cette fois, monsieur le maire, dit le général, nous ne vous demandons rien. Nous savons qu'un corps d'armée français est dans la forêt, et nous la bombardons.

— Mais les obus tombent sur la ville !

— Ce sont des obus égarés et je ne puis assurer la précision du tir au point de vous éviter ce désagrément.

Plus consciencieux, le commandant Duval se porta au nord, vers Criloup. Là les Prussiens, n'osant s'engager dans la forêt, se remirent à bombarder. Mais leurs projectiles firent peu de mal à nos troupes. En vain essayèrent-ils d'incendier la queue de Fontaine, ils durent se résigner à s'enfoncer dans les bois. Là, pendant huit jours consécutifs, on se battit pour ainsi dire d'arbre en arbre. C'est à peine si, dans cette retraite vers le midi, le commandant Duval perdit une lieue de terrain par jour.

Mais la route de l'Ouest était toujours fermée à l'ennemi, occupé par cette lutte incessante, acharnée, dans laquelle les marins se surpassaient pour trouver des expédients. C'étaient des arbres qui tombaient tout à coup sur des colonnes prussiennes en marche! C'étaient des amas de feuille habilement disposés, couvrant des cavités dans lesquelles nos ennemis disparaissaient subitement!...

Les marins n'avaient que trois canons, mais ils s'en servaient avec un merveilleux à-propos. L'ennemi essayait-il de camper dans une clairière?... vite un boulet bouleversait l'installation!

Se logeait-il dans un des hameaux de Torçay, d'Épineuil, de Saint-Jean, de Brouvilliers, de Chappe, d'Hauterive ou de Jandrais... aussitôt commençait un bombardement en miniature, et il fallait encore déménager. Au commencement de novembre, la forêt avait été ainsi parcourue du nord au sud, et l'ennemi, dont les pertes étaient énormes, n'avait pu encore envelopper la petite armée. Les Prussiens brûlèrent le village d'Ardelles pour se venger de leurs mésaventures de la forêt de Châteauneuf ; mais déjà le commandant Duval, sentant qu'il était dangereux pour une aussi faible troupe de rester en pays découvert, se jetait dans la forêt de Senonches, pour aller de là se poster à la Madeleine-Bouvet, dans le Perche, et prendre part aux opérations défensives, qui permirent d'espérer pendant quelque temps que le Perche serait une barrière infranchissable pour les envahisseurs de l'Ouest.

Avant de raconter cette campagne du Perche, qui est bien certainement une des opérations militaires les plus intéressantes de cette guerre, et qui a eu pour dénoûment la fatale journée du Mans, on me permettra de tracer à grands traits l'odyssée dont un personnage trop connu des Parisiens a été le héros.

Après sa mésaventure de la préfecture de police, M. Antonin Dubost, ancien rédacteur de la *Marseillaise*, fut chargé d'administrer le département de l'Orne, qui n'a jamais été totalement occupé par les Prussiens.

Une patrouille de uhlans s'étant présentée à Mortagne, l'une des deux capitales du Perche, le maire, qui n'avait jamais pu obtenir de garnison, prit la résolution de ne pas faire la moindre résistance. Les uhlans se contentèrent donc de quelques réquisitions.

Cependant, au moment où ils sortaient paisiblement de la ville, un habitant prit d'un air menaçant la bride du cheval de l'un d'eux. Celui-ci, ne pouvant se dégager, tira son sabre, et en porta un coup si terrible au malheureux patriote qu'il le tua roide.

Un peu plus loin, le uhlan s'étant pressé pour rejoindre ses camarades, son cheval s'abattit sur le verglas et le blessa.

Le uhlan fut relevé par les habitants, et, malgré l'acte de cruauté dont il venait de se rendre coupable, on le conduisit à l'hôpital, où il reçut les soins les plus empressés, si bien qu'il guérit promptement et alla rejoindre son corps.

Le préfet Dubost eut l'idée d'exploiter les versions variées qui circulaient sur ce petit événement. Il fit donc une proclamation adressée aux citoyens de l'Orne, dans laquelle il donnait en exemple l'habitant qui avait tué le uhlan, tandis que c'était le uhlan qui avait tué l'habitant. Cette proclamation fut insérée dans les journaux, et la population de Mortagne, chaudement félicitée, ne protesta pas.

Mais l'autorité militaire prussienne, apprenant ainsi qu'un soldat allemand avait été tué à son insu, ne négligea pas une aussi bonne occasion de faire une grosse recette, et elle envoya à Mortagne un général accompagné de huit cents hommes, et chargé de lever une contribution de 258 mille francs.

Le maire, M. Dudouit, protesta. Le général tira un journal français de sa poche et montra la prose de M. Dubost.

— Vous ne pouvez pas démentir votre préfet, je suppose, dit le général. Il est donc évident que vous avez tué un uhlan; Payez les 258 mille francs où je fais piller la ville.

Heureusement qu'il règne de l'ordre à Mortagne. M. Dudouit ne se tint pas pour battu. Il pria le général de le suivre à l'hôpital, dont les registres sont bien tenus. Il lui fit voir l'entrée du uhlan blessé, la nature de sa blessure, et sa sortie après guérison.

— Alors, monsieur, votre préfet est un polisson, dit le général. Je lève la grosse amende, mais je vous en laisse une petite de dix mille francs, pour vous punir de supporter un préfet comme M. Dubost.

Et la ville de Mortagne paya les dix mille francs.

Le plus drôle, c'est que le Dubost, furieux du rôle ridicule qu'il jouait en cette affaire, destitua le maire pour s'être permis de contrôler la vérité de ses assertions, et pour avoir expliqué sa conduite dans une lettre rendue publique. L'arrêté de ce préfet fantastique mérite d'être reproduit.

Vu la lettre *du nommé* Dudouit, maire de Mortagne, adressée au *Journal d'Alençon*, en date du 25 janvier courant,

Arrêtons :

Le nommé A. Dudouit, maire de la ville de Mortagne (Orne), est révoqué de ses fonctions *comme indigne.*

Inutile de dire que ce certificat d'indignité donné par le préfet Dubost valut à

M. Dudouit les témoignages les plus flatteurs d'estime et de sympathie de toute la population de Mortagne.

Mais les jolis préfets que faisait M. Gambetta ! Nous allons voir, en racontant le terrible drame de la Fourche, que le jeune proconsul faisait encore de plus pitoyables généraux.

X

La bataille de la Fourche.

21 février.

M. Gambetta ayant écrit que le général Chanzy s'était, un certain jour, jeté dans le Perche, on se demandait ce que cela pouvait bien vouloir dire. On ne s'expliquait pas suffisamment quel rôle pouvait jouer le Perche dans la défense du pays.

Le Perche est une petite province qui s'étend à l'ouest de la Beauce, et qui forme entre les plaines de ce pays et nos grandes provinces occidentales une barrière qu'il eût été facile de rendre infranchissable. L'incurie des généraux — et je crois que la réputation de Chanzy lui-même a subi dans le Perche une rude atteinte — nous a privés de ce moyen de défense efficace.

Je ne fais pas ici un cours de stratégie militaire, et je n'ai nullement l'intention de raconter par le menu, les batailles de la France centrale. Mais dans cette campagne du Perche, je retrouve à un mois d'intervalle la même faute commise si exactement, au même endroit, par le même commandant français combattant les mêmes Allemands, que je ne puis me dispenser de donner, dans ses détails, le récit des petits événements qui ont amené une aussi grosse catastrophe.

Le Perche est un réseau inextricable de petits vallons et de hautes collines, de monticules et de ravins. Tous les terrains y sont en pente, séparés par des haies touffues, et desservis par des chemins creux. Les rivières y affectent de faire les détours les plus capricieux. Les arbres y sont rabougris. Les pommiers des routes y ont des formes fantastiques, mais produisent un cidre excellent. Dans les carrés de prairies qui enveloppent les haies, de magnifiques chevaux, — les Percherons, — paissent en liberté. Du bois, du cidre et des chevaux, voilà les seuls produits du Perche. Ils suffisent, du reste, à la fortune des habitants, qui se manifeste, d'ordinaire, par une exagération de l'épaisseur des haies et de la profondeur des chemins.

Or, dans ce pays, qui a bien une ving-
d . longueur du nord au

sud, et une quinzaine de lieues de large, dix mille hommes déterminés auraient pu anéantir, en la détruisant soldat par soldat, une armée d'un million d'hommes. Pour cela, il eût suffi de garder les cinq ou six passages de routes, de s'y fortifier, et d'obliger l'ennemi à se jeter dans le dédale des petits chemins et des petites vallées, d'où il ne serait jamais sorti. Ce plan avait été adopté d'abord par d'Aurelle de Paladines, comme moyen de protéger l'Ouest, par Chanzy ensuite, comme base d'opérations du Mans sur Paris.

C'est donc dans le Perche que nous suivrons les troupes de Chartres et de Châteaudun. Des masses respectables gardent les défilés de Verneuil, de la Ferté-Vidame, de Senonches, de la Loupe, de Champrond, de Thiron, d'Authon et de la Bazoche Gouet, s-uls passages du Perche, et ont à Nogent-le-Rotrou leur centre d'opération et d'approvisionnement et leur réserve.

Quarante mille hommes forment cette armée du Perche, qui n'a pas de général, vers la fin d'octobre. Du reste, la nécessité d'un général ne se fait pas toujours sentir, et les commandants des troupes fractionnées du Perche, opérant isolément, barricadent leurs routes, fortifient leurs positions et se préparent sur tous les points à bien recevoir l'ennemi.

Le 15 novembre, arrive à Nogent-le-Rotrou le lieutenant-colonel Rousseau, avec cinq ou six mille hommes de troupes, une batterie de six pièces de 12, quatre pièces de 4 et une mitrailleuse. Ces troupes offraient un échantillon de tous les corps français. L'artillerie seule manquait et était remplacée, pour le service des pièces, par toute la jeunesse studieuse de Rennes, qui s'est admirablement conduite dans tous les petits combats de la région.

Du 18 au 21 novembre, les avant-postes de Bretoncelles, de Champrond et de Thiron, eurent de petits engagements avec l'armée du duc de Mecklembourg, composée de trois corps de quinze mille hommes chargés de forcer ces trois passages, et d'une réserve de quinze mille hommes, commandée par le général Wittisch, le triste vainqueur de Châteaudun !

Le premier de ces corps ayant battu le 20, à la Madeleine-Bouvet, les troupes du commandant Duvrel, voulait gagner Nogent-le-Rotrou par la ligne du chemin de fer et dans ce but attaquait Bretoncelles.

Le second franchissait le 20 au soir les barricades de Champrond-en-Gâtine, dont les défenseurs s'étaient repliés, on ne sait trop pourquoi, sur la fourche. La route étant libre, les Prussiens arrivèrent jus-

qu'à la butte de la Papottière, placée vis-
à-vis de la Fourche, et couverte de bois
épais dans lesquels ils passèrent la nuit
et firent leurs préparatifs d'attaque contre
nos ouvrages.

Le troisième corps éprouvait à Thiron
une vive résistance. Il payait de trois
cents hommes tués une petite victoire
remportée sur une centaine de braves
mobiles de l'Yonne, commandant Des-
montis, et pénétrait de ce côté dans le
Perche.

Mais la route de Thiron à Nogent est
longue et pénible, et il n'opéra sa jonction avec les deux corps de Bretoncelles
et de Champrond que le lendemain de la
bataille de la Fourche.

Les deux routes de la Loupe et de Courville à Nogent-le-Rotrou arrivent dans le
fond de Saint-Victor, et, contournant la
butte de la Papottière, traversent une
vallée large et profonde et remontent sur
la butte du Bouvreau, vers le point appelé la Fourche, où elles se réunissent,
formant ainsi un gigantesque Y, dont la
base est Nogent.

Au point central de cet Y, M. Hardy,
conducteur des ponts et chaussées à Bel-
lème, avait construit de magnifiques for-
tifications, coupant les deux branches, tenant le haut des pentes de la vallée.

Enlever ces positions était difficile, impossible même. Le colonel Rousseau y envoya deux canons et une mitrailleuse,
avec les jeunes mobilisés de Rennes et
trois mille mobiles.

Dès le matin du 21 novembre, les Prussiens démasquèrent leurs batteries de la
Papottière, et ouvrirent sur les barricades
de la Fourche un feu des plus nourris.

De notre côté, les deux canons faisaient
merveille. Quand une colonne ennemie
s'aventurait sur une des branches de l'Y,
la mitrailleuse, bien logée dans une redoute à la Totleben, placée au centre, fau-
chait la route et obligeait les Allemands
à s'enfuir en désordre.

On n'avait encore ni un mort ni un
blessé, et les routes étaient semées de
cadavres, et le feu de l'ennemi se ralen-
tissait sensiblement, pour bientôt s'arrêter tout à fait... C'était une victoire complète, et il n'y avait plus qu'à la fêter,
quand tout à coup les malheureux artilleurs sont fusillés sur leurs pièces, et les
mobiles reçoivent dans le dos toute une
effroyable décharge de mousqueterie.

Tandis que leurs troupes sacrifiées se
laissaient foudroyer sur les branches de
l'Y, les Prussiens, tournant la butte du
Bouvreau par le fond de la Pépinière,
remontent par la route de Coudreceau et
se trouvent bientôt sur la route de la
Fourche à Nogent, coupant la retraite, et

prenant nos ouvrages à revers. C'est précisément parce que les Prussiens savent
que les leurs ont opéré ce mouvement
tournant qu'ils arrêtent le feu des batteries de la Papottière. Ce que nos pauvres
soldats prenaient pour le résultat de leur
héroïque attitude n'était malheureusement qu'une précaution prise par l'ennemi
pour s'assurer une victoire plus complète.

Toutefois, nos pertes ne furent pas
considérables. Guidés par les volontaires
de Rennes, qui avaient bien étudié le
terrain, nos troupes firent leur retraite
par la route de Condé, et revinrent à
Nogent par la vallée de l'Huisne et le
village de Margon, emmenant leurs
pièces, et une soixantaine de blessés.

Vingt-deux morts restèrent à la Fourche.
C'était pour les Prussiens un succès chèrement payé, car ils avaient trois cents
morts et plus de cinq cents blessés. Mais
la route de Nogent restait libre, et le duc
de Mecklembourg pouvait le lendemain y
installer son quartier général.

A cinq heures du soir, le 21, le colonel
Rousseau revenait à Nogent. Les troupes
de la Fourche y rentraient en désordre.
A sept heures arrivaient également celles
qui avaient échappé au désastre de Thiron. Mais on comptait encore sur un bon
résultat de la gauche de la petite armée,
qui, à Bretoncelles, gardait la ligne du
chemin de fer.

Mais, comme à la Fourche et à Thiron,
nous avions été vaincus. Ici, toutefois, se
place un incident que je ne puis omettre,
pour rendre justice à un illustre mort, et
pour clore un débat très animé au sujet
d'un officier dont la conduite a été appré-
ciée de deux côtés avec une égale passion.

La défense du passage de Bretoncelles
avait été confiée au commandant de la
Ferronnays, des mobiles de l'Orne.

Pour le renforcer, on lui envoya du
Mans un bataillon d'infanterie de marine,
commandant Herbillion, et qui, arrivant
de Cherbourg, n'eut le temps de prendre
aucun repos ni aucune nourriture, et dut
combattre après quarante huit heures de
fatigues et de jeûne complet.

Le passage se compose d'une étroite
vallée, entre les deux collines des Cracottières et de Dardelin. Le commandant la
Ferronnays devait occuper les Cracottières
avec les mobiles et quatre canons, le
commandant Herbillion avait à se développer dans la vallée, et une compagnie
de son bataillon, capitaine Pomerelle, de
Rochefort, était placée en observation sur
la colline de Dardelin.

Dès le commencement de l'action, le
capitaine Pomerelle vit les Prussiens s'a-
vancer par la vallée, tandis que le com-

mandant la Ferronnays, placé en arrière du village, ne prenait pas position sur les Cracottières. Les Prussiens, profitant de cette négligence, gravissaient la butte à revers, y installaient leurs canons, et envoyaient des obus dans le village de Bretoncelles. M. de la Ferronnays partit à ce moment dans la direction de Mamers. Son bataillon et son artillerie, croyant à une manœuvre dont le sens leur échappait, suivirent cet exemple et quittèrent Bretoncelles, laissant l'infanterie de marine dans la vallée. Les Prussiens, qui tournaient les Cracottières, l'enveloppèrent et la firent prisonnière avant qu'elle eût pu se rendre compte de cet incroyable abandon.

Le capitaine Pomerelle reste donc seul, avec sa compagnie, sur la colline de Dardelin, ayant contre lui soixante canons et quinze mille hommes!

— Nous ne pouvons pas tenir, capitaine, lui dirent ses soldats. Il faut quitter ce terrain, où nous nous ferons tous tuer.

— C'est vrai, répondit Pomerelle. Ici, on ne peut plus réussir. Que les hommes qui veulent partir, s'en aillent par ce chemin que l'ennemi n'a pas encore. Moi, je me bats!

Quarante hommes restèrent avec lui. Les obus pleuvaient sur le petit plateau. Les régiments ennemis lui envoyaient des feux de peloton à cinq cents mètres. Les soldats tombaient un à un, silencieusement, sans une plainte. Les survivants prenaient les cartouches des morts, et tiraient sans relâche. L'ennemi n'osait avancer. Pendant trois heures et demie, il fut ainsi arrêté dans sa marche.

Ces quarante braves tombèrent tous, morts ou mortellement blessés. Pomerelle resta debout le dernier. Il tenait encore un fusil et tirait quand il fut frappé de deux coups terribles. Un éclat d'obus lui brisa une cuisse; une balle lui traversa l'autre.

Les Prussiens arrivèrent alors sur Dardelin. Frappés d'admiration et de respect pour cette poignée de héros, ils creusèrent une fosse pour les morts, et enlevèrent avec le plus grand soin ceux qui respiraient encore. Pomerelle fut porté par eux dans une maison de Bretoncelles, où il mourut quelques jours après, remettant à un habitant de Nogent-le-Rotrou, M. Gouverneur, le savant imprimeur des Elzevirs, une relation complète de ce petit combat.

C'est sur ce récit d'outre-tombe, que j'ai entre les mains, que j'établis ma narration, ne me préoccupant pas des versions passionnées que les amis et les ennemis de M. de la Ferronnays ont mis en circulation pour expliquer ce que les uns ont appelé sa fausse manœuvre, et ce que les autres ont appelé sa fuite.

A la nouvelle du drame de Bretoncelles, le général Le Bouedec, commandant du camp de Conlie, fit afficher, par le préfet de la Mayenne, un bulletin militaire dans lequel le commandant La Ferronnays était traité avec une violence inouïe.

M. Gambetta, sur l'avis unanime des officiers présents à l'affaire de la Fourche, blâma énergiquement le général Le Bouedec, et déclara que M. de la Ferronnays n'avait pas mérité les reproches que, du reste, ce général n'avait aucun droit de lui adresser.

Tout le Perche et tout le Maine furent remués vivement par cette affaire. C'était l'antagonisme publiquement affiché entre l'armée fantaisiste créée par Gambetta et la jeune mobile, dont les chefs, nommés aussi légèrement par l'empire et sanctionnés par l'élection, n'avaient pas l'instruction militaire nécessaire pour lutter contre la savante tactique des Allemands.

« M. un tel, se disant général, » ou bien « M. un tel, se disant commandant, » voilà le style de ces échanges de notes, déplorables en présence de l'ennemi.

Ce fut M. Glais-Bizoin qui termina l'affaire. Il rencontra dans les rues de Tours un de ses amis, Breton comme lui.

— Que faites-vous donc ici? demande le triumvir au passant.

— Moi, rien, je me promène!

— Mais n'avez-vous pas été militaire? Quel beau général vous feriez!

— Tout de même, dit le passant.

Et le voilà nommé d'emblée général en chef du camp de Conlie.

C'est ainsi que M. Le Bouedec fut remplacé par suite d'une rencontre fortuite. Les partisans de M. Le Bouedec mirent cette destitution sur le compte des intrigues de M. de la Ferronnays, et on intéressa la politique à l'événement.

Il faut bien qu'en courant ainsi de ville en ville je tienne compte de ces petites causes de grands désastres. L'armée, trop fraîchement créée, se désorganisait facilement au spectacle de ces dissensions entre ses chefs improvisés. Des noms nouveaux étaient à chaque instant mis en lumière; les soldats se demandaient au bivac d'où venaient ces généraux empanachés, dont le nom leur était toujours inconnu. Et tandis que les discussions stériles et les accusations remplissaient les bulletins, on passait sous silence les traits d'héroïsme. Et tandis que le pays s'occupait tant de ceux qui ne s'étaient pas battus, c'est à l'ennemi que les habitants des contrées envahies allaient demander le nom de nos héros obscurs, pour les conserver pieusement jusqu'au jour où ceux qui voudront écrire l'histoire viendront les leur demander !

XI

La campagne du Perche

23 février.

Le colonel Rousseau mit ses troupes en retraite, partie vers la Ferté-Bernard, partie vers Bellême, tandis que les Prussiens prenaient position aux portes de Nogent, sur la butte de Thuré, d'où leur canon pouvait fouiller à l'aise dans l'entonnoir au fond duquel est située la seconde capitale du Perche.

Le colonel restait à la mairie de Nogent, avec le préfet d'Eure-et-Loir, M. Émile Labiche. Tous deux discutaient vivement, s'accusant mutuellement de maladresse, et non sans raison, quand arriva, vers neuf heures du soir, une dépêche officielle...

Le télégramme annonçait que le général Jaurès allait arriver et qu'il était chargé de la défense du Perche. Il était vraiment bien temps ! On arrêta la retraite sur Bellême et la Ferté. M. Labiche fit garder toutes les issues de Nogent par la garde nationale pour empêcher la débâcle des troupes.

Mais à trois heures du matin le général Jaurès n'étant pas arrivé, le colonel et le préfet opérèrent leur retraite. Il y eut même ce détail curieux, que les gardes nationaux postés par M. Labiche l'arrêtèrent lui-même, et qu'il fut obligé de menacer le poste de son revolver pour pouvoir se frayer un passage.

A cinq heures du matin, le général Jaurès arriva. Il apprit du maire que depuis la veille au soir le Perche ne pouvait plus être défendu. Il vit même, des fenêtres de l'Hôtel de ville, les Prussiens arriver par toutes les routes, et repartit pour le Mans, coupant la voie derrière lui, à la station du Theil.

Les Prussiens ne s'attendaient pas à trouver libre l'entrée de Nogent. Leur conseil de guerre, tenu la nuit, dans l'église de Marolles, sur le champ de bataille de la Fourche, avait décidé à l'unanimité qu'il y aurait bombardement, et les canons étaient prêts. Toutefois, pour ne pas user inutilement les munitions, on eut l'idée d'envoyer dans la ville, à huit heures et demie du matin, une reconnaissance de cinq chevau-légers bavarois, qui parcoururent Nogent, pistolet au poing. A neuf heures, une seconde reconnaissance de vingt hommes arriva à l'Hôtel de ville, où l'officier traita avec le maire, M. Doullay, homme très ferme et très aimé.

A dix heures, quarante-cinq mille hommes entraient par toutes les routes, musique en tête, et s'installaient dans les maisons. Telle chambre, considérée comme insuffisante pour un habitant, en eut bientôt dix. Cette occupation dura du 22 novembre au 3 décembre, époque à laquelle Nogent se trouva tout à coup sans un seul soldat allemand.

Je dois dire toutefois que si cette occupation fut ruineuse pour la population, le nombre des vols fut peu considérable. Le duc de Mecklembourg lui-même se contenta d'annexer la magnifique pendule Louis XV, achetée récemment 1,600 francs par la ville et donnée à la sous-préfecture. Il fit aussi emballer, puis déballer, puis réemballer, et finalement laissa dans le même salon une superbe paire de lampes en bronze. C'est là, pour ce prince, un trait dont l'histoire impartiale devra lui tenir compte.

Nogent respira jusqu'au moment où commença la seconde campagne du Perche, celle-là même qui a mis le comble à la belle réputation du général Chanzy.

Le 25 décembre, l'avant-garde de l'armée française du Mans entrait dans le Perche et occupait Pont-de-Gennes, Connerré et la Ferté-Bernard, poussant des reconnaissances jusque dans Nogent-le-Rotrou.

Ce jour-là, deux francs-tireurs à cheval, les capitaines Henri Chabrillat et Kœssner, arrivèrent dans la ville au moment où une patrouille de cinq dragons allemands venait de la quitter. Ils mirent tous deux leurs chevaux au galop, rejoignirent les dragons à la Cour-aux-Loups, en tuèrent un et ramenèrent triomphalement cinq chevaux et quatre prisonniers dans la ville.

Le même jour, le colonel de Lipowski, monté en grade comme notre brave ami Chabrillat, s'installa à Nogent, comme extrême avant-garde de l'armée de Chanzy. En ce moment, il n'y avait pas vingt-cinq mille Allemands entre le Mans et Versailles. On se fût un peu pressé, qu'en cinq ou six jours de marche Paris était débloqué !

Ce n'est que le 30 décembre, qu'un petit corps prussien de six cents hommes fut signalé à la Loupe. Le 31, la véritable avant-garde française arrive à Nogent, tandis que les francs-tireurs se retiraient au château d'Amilly, pour s'y reposer de leurs fatigues. Enfin, le 1er janvier 1871, les Nogentais reçurent pour leurs étrennes le colonel Rousseau, devenu général, et nommé commandant en chef de l'avant-garde.

Dès lors, la population intelligente de ce brave petit pays n'eut plus d'illusion sur l'issue de la guerre. Au lieu de se porter en avant et de conserver le Perche pour retraite, en cas d'insuccès, Chanzy laissait l'ennemi s'engager dans les défilés de la petite province, et se préparait ainsi à combattre avec un ennemi supérieur en nombre et en instruction militaire. De plus, il chargeait de la défense de ces défilés un général qui avait déjà fait preuve d'une notoire insuffisance.

Le 2, le 3 et le 4 janvier, on poussa des reconnaissances vers la Fourche, sans même s'y installer et sans relever les barricades et les redoutes endommagées lors du combat du 21 novembre.

Le 5 janvier, à la Fourche encore, le 5e bataillon de chasseurs à pied repoussa un petit corps d'armée de dix-huit cents fantassins allemands.

Enfin, le 6 janvier au matin, l'armée du duc de Mecklembourg occupa la butte de la Papotière et y installa quatre-vingts canons, braqués sur les ouvrages de la Fourche, qu'elle croyait relevés et défendus.

Huit cents hommes du 5e chasseurs, qui avaient passé la nuit là, se postèrent derrière les barricades et supportèrent bravement le choc de l'ennemi.

Prévenu, le général Rousseau envoya, vers onze heures, trois mille hommes, six canons et deux mitrailleuses. Mais, cette fois, la lutte fut plus meurtrière. Les Prussiens tournèrent, non-seulement par le chemin de Condreceau, comme le 21 décembre, mais aussi par le chemin de Condé-sur-Huisne. Un de nos canons fut démonté ; deux autres furent pris.

Pendant ce temps — toute la ville de Nogent l'affirme — le général Rousseau déjeunait longuement.

— Général, venait-on lui dire, la Fourche est débordée.

— Je connais les positions, disait-il, elles sont excellentes. Nous pouvons tenir jusqu'à demain.

Quand il se décida à monter à cheval, notre pauvre petite armée était en pleine déroute !

Voici un détail, tristement comique qui montre jusqu'à quel point cette seconde bataille de la Fourche fut absolument la répétition de la première.

Les Prussiens avaient établi leur quartier général, le 21 novembre, à la ferme de la Pépinière, chez M. Charles Duguet. Ils y avaient dîné et s'étaient emparés d'une jolie boîte de petites cuillers en vermeil marquées C. D.

Le 6 janvier au soir, ils dînèrent dans la même ferme, et c'était si bien le même état-major que M. Duguet retrouva le lendemain une de ses petites cuillers, qu'un domestique bavarois négligent n'avait pas remise dans la boîte.

Autre détail, et celui-ci des plus tristes.

Les Bavarois vinrent demander à la maison du cultivateur Piton, à l'angle des routes de Condé et de Nogent, des nouvelles d'un chirurgien français qui avait donné des soins à plusieurs de leurs blessés dans cette maison.

Le même chirurgien, M. Féty, jeune homme de vingt-trois ans, aide-major au bataillon des mobiles des Deux-Sèvres, était là penché sur un de nos officiers blessés. Les Allemands le saluèrent. A ce moment, des francs-tireurs, apostés à la Cour-aux-Loups, voyant des Bavarois dans la maison Piton, leur envoyèrent une volée de balles. Pas un Allemand ne fut touché, mais le brave Féty reçut une balle française en pleine poitrine, et tomba mort sur le corps du blessé qu'il pansait.

Si la conduite du général Rousseau fut blâmable en cette triste journée, il ne mérita pas seul le blâme. Le colonel de Lipowski était avec ses francs-tireurs au château d'Amilly, et tandis que le canon tonnait, les habitants de Nogent virent venir, chez les pâtissiers, des cavaliers envoyés par le colonel pour acheter des galettes. Les francs-tireurs faisaient les Rois !

Je dois reconnaître qu'un certain nombre d'officiers, les capitaines Chabrillat, Kœssner et Boulanger, protestèrent énergiquement contre cette conduite, envoyèrent, de Nogent, leur démission à leur colonel, et avec une poignée de braves francs-tireurs allèrent se jeter dans la mêlée de la Fourche.

Le soir même, Chabrillat offrait ses services au général Chanzy, dont il devenait officier d'ordonnance. On voit que notre collaborateur, qui avait promis au prince de Prusse de se venger de son accueil après Reischoffen, a su noblement tenir sa parole.

Quant à M. de Lipowski, nous ne le retrouverons plus que général.

Le lendemain 7 janvier, le général Rousseau se rendit au Theil, sur la route du Mans. Les Prussiens se mirent à sa poursuite. Tandis que le général reformait ses troupes, il chargea le 5e chasseurs et un bataillon des mobiles de la Corrèze, commandant Veyriras, d'arrêter l'ennemi à la montée du Gibet, à 4 kilomètres de Nogent. Ces deux bataillons s'embusquèrent dans les haies, dans les bouquets d'arbres, et attendirent l'ennemi.

Une première patrouille de cinq hussards fut enveloppée et prise. Un peloton de vingt cavaliers eut le même sort. L'infanterie prussienne s'avança alors et toute la journée fut tenue en respect par nos tirailleurs, qui lui tuèrent plus de cent cinquante hommes et l'obligèrent à rentrer à Nogent.

Cette résistance heureuse permit au général Rousseau de faire reposer les combattants de la Fourche, et le 9 janvier au matin, ces troupes, bien disposées et prêtes au combat, arrivaient au Connerré, où le général Chanzy prenait position, pour livrer la grande bataille de trois journées dont l'issue nous fut fatale, mais qui donna à l'ennemi aussi bien qu'à nous un vif désir de terminer la lutte.

J'arrive au Mans, et je viens de faire cette route sur laquelle tant d'hommes ont trouvé une mort glorieuse. « Depuis Gravelotte, me dit un officier allemand, nous n'avons jamais vu un pareil combat. La lutte était furieuse, acharnée, sans trêve ni merci... »

Je vois des bois dont tous les arbres sont brisés par la mitraille et qui sont couchés comme les blés après l'orage.

Je vois des villages qui n'ont plus de maisons, et partout de petits monticules sous lesquels reposent, unis dans la mort, des hommes qui se sont combattus avec une égale furie. De Connerré au Mans, le chemin est comme une immense nécropole. Dans cette campagne, jadis si belle, si fertile, on ne voit plus de paysans, plus de troupeaux dans les prairies, plus de sillons tracés par la charrue. Le sol garde la trace des piétinements incessants des trois jours de lutte. Les ornières profondes marquent la route qu'ont suivie les lourds canons.

Les débris de toutes sortes jonchent la terre. On n'a enlevé ni les roues brisées, ni les caissons défoncés, ni les éclats de mitraille. Les corbeaux ont encore des proies à dévorer. Les carcasses de chevaux par milliers sont couchées dans les plaines, et servent d'indices à ceux qui cherchent les chemins parcourus par les brillants escadrons !...

On parvient ainsi au Mans, cette ville jadis si gaie, si animée, si pleine de mouvement et de bruit. La plupart des boutiques cachent sous les volets sombres leurs vitres brisées. Les soldats allemands montrent dans les murs les traces des balles, et l'on voit les cavités béantes faites par les obus, et que les habitants n'ont pas encore songé à boucher. On n'entend que le son des fourreaux d'acier qui traînent sur les pavés de granit. Sur les murs s'étalent de honteuses affiches !... Les Prussiens ont fêté au Mans le mardi gras par un grand bal de nuit. Mais comme ils savaient bien qu'aucune femme n'irait à cette fête, ils ont promis vingt francs à toutes celles qui viendraient. La misère est grande, et pourtant le bal a été triste, lugubre. Les malheureuses qui sont venues là avaient faim et ne songeaient pas à rire... Les vainqueurs n'en ont pas eu pour leur argent.

XII

La bataille du Mans.

25 février.

Armé des laconiques rapports du général Chanzy et d'une excellente carte d'état-major prise au Mans à un officier allemand (1), je viens de parcourir l'immense champ de bataille dans toutes ses parties. Jamais peut-être un général n'a conçu un plus beau plan pour parer les bottes secrètes d'un ennemi fécond en ruses de guerre, en contre-marches et en mouvements tournants.

Mais ce qui m'a frappé et frappera, je l'espère, le lecteur, à qui je vais expliquer les choses en promeneur et non en stratège, c'est que le général Chanzy semble n'avoir eu en vue que la défense du Mans, et pas du tout un mouvement offensif. L'ennemi, battu à plate couture, se serait réfugié dans le Perche, d'où jamais nous n'aurions pu le déloger, et le Perche est entre le Mans et Paris. Il eût certes mieux valu réussir qu'échouer, mais la réussite n'aurait pu avoir qu'un effet moral et pas le moindre résultat matériel.

Cette conviction que le lecteur partagera, j'en suis sûr, la plupart des généraux l'avaient, ce qui explique la conduite très blâmable sans doute, et certainement plus humaine que militaire, de plusieurs d'entre eux. Quant au bonhomme manceau, qui voyait seulement en question, à ce moment suprême, sa belle ville et sa maison, il ne s'est pas gêné de dire bien haut :

— Sauf votre respect, monsieur, la ville du Mans a été vendue par les généraux, comme un.... mouton au marché.

Je crois que le bonhomme manceau a tort, mais il a pour lui les apparences, comme vous l'allez voir.

Le duc de Mecklembourg, et ses 60,000 hommes, poussant devant eux le général

(1) Les officiers d'état-major allemands, qui ont généralement de bonnes cartes, en manquent pourtant quelquefois. Aussi, dès leur arrivée dans un pays, ils réquisitionnent tout ce qu'ils trouvent en fait de documents géographiques, et font photographier à un grand nombre d'exemplaires ce qui leur paraît utile. C'est une de ces photographies que j'ai empruntée.

Rousseau, marchaient sur le Mans par Nogent-le-Rotrou, le Gibet, la Ferté-Bernard, Connerré, et arrivaient à Pont-de-Genne, échangeant des coups de fusil et parfois des coups de canon avec nos petites colonnes, semant la route de cadavres, et laissant des blessés nombreux aux ambulances des villages, asiles hospitaliers, où le curé, une ou deux braves paysannes, le maire et le médecin, rivalisaient de zèle et de sacrifices pour donner tous les soins nécessaires.

Tandis que le 10 cette armée prenait position, elle donnait la main, sur sa gauche, à celle beaucoup plus nombreuse de Frédéric-Charles, qui arrivait de Vendôme par Saint-Calais, établissait son quartier général à Bouloire, et se postait à Ardenay, à Parigné-l'Evêque et à Mulsane.

De ce jour, il n'y a plus qu'une seule mais très puissante armée prussienne, formant un demi-cercle enveloppant le Mans. Le prince est au centre, avec Mecklembourg à sa droite et Voigt-Rhetz à sa gauche. Tout cela est accompli avec une précision que j'ai bien envie d'appeler merveilleuse. Mettons désespérante pour ne froisser personne.

De son côté, le général Chanzy a pris des dispositions également fort précises. Au demi-cercle d'attaque se trouve opposé un demi-cercle de défense. A Yvré-l'Evêque, nous sommes fortement cantonnés dans le village, avec de l'artillerie sur les hauteurs.

Il n'y a pas une maison qui n'ait ses créneaux, pas une haie qui ne soit une embuscade. Pour le premier jour, c'est une ligne de retraite derrière laquelle on peut camper à l'aise. On est à deux petites lieues de l'ennemi.

Entre Ardenay et le château des Roches, il y a une sorte de montagne isolée d'où l'on plonge également sur les positions françaises et les positions prussiennes. C'est la montagne d'Auvours, où nous sommes en force et où nous pourrions tenir deux jours. Il est juste de dire que les Prussiens sont comme chez eux à Parigné-l'Evêque, d'où l'on domine à la fois Auvours, la position forte, et Changé, le charmant petit village dans lequel nous campons.

Enfin, à l'extrême droite de ces lignes de défense, Chanzy est favorisé par la nature, et admirablement secondé par le génie. La route du grand Lucé et celle de Tours, sont obligées de franchir, pour arriver au Mans, de hautes collines qu'au moyen de tranchées, de barricades et d'abattis d'arbres, on a rendues impraticables. Sur le plateau qui couronne ces collines, on a construit des batteries superbes.

Par les embrasures on voit tout ce qui se passe dans la plaine, au loin.

— Avec une bonne lunette, me dit un paysan, on pourrait voir d'ici se lever un épi à dix lieues à la ronde!

L'ennemi ne se risquera pas à découvert contre ces positions formidables, a-t-on pensé. Pourtant Chanzy, qui est homme de précaution, a mis de ce côté, pour garder une douzaine de bonnes batteries d'artillerie, un corps entier, le 16e, je crois, installé dans des tranchées, bien à couvert, et qui n'a qu'une mission : empêcher une surprise.

Au delà, plus à droite, il y a la Sarthe, qui forme une barrière naturelle. Le Mans est donc admirablement protégé, et le général en chef ne mérite aucun reproche.

Aussi, pendant ces trois jours, le 9, le 10 et le 11 janvier, les habitants de la ville, qui n'ignoraient pas ces préparatifs, étaient-ils pleins de confiance dans l'issue de la lutte. La durée même de ces combats ne leur prouvait-elle pas l'excellence de nos positions, et la bonne tenue de nos troupes?

Pourtant le 10 nous étions obligés de bien tenir nos positions. Le plateau d'Auvours, après deux jours de lutte héroïque, était au pouvoir des Prussiens, qui bombardaient le village d'Yvré-l'Evêque, où nous étions solidement installés, le château des Arches, où s'étaient réfugiés les défenseurs d'Auvours, et le village de Changé, où la brigade Ribel a lutté pendant six heures avec une furie admirable. Le soir, nous étions obligés d'abandonner ces positions, criblées d'obus par les Prussiens, qui nous y avaient remplacés; mais pendant la nuit nous y fîmes pleuvoir à notre tour tant de projectiles, que le lendemain matin nous pouvions y revenir.

La journée du 11 fut la plus meurtrière. Des deux côtés, on ne marchait plus, on ne songeait plus à des manœuvres, on voulait se tuer. On s'avançait au devant de ses lignes, chaque homme guettant son ennemi. Le soldat qui tombait était vengé par son voisin, plus heureux. C'était presque une lutte d'homme à homme, sur cette ligne courbe qui avait plus de trois lieues d'étendue. En arrière, les hauteurs échangeaient leurs obus. La vallée de l'Huisne était toute en feu. Une épaisse fumée couvrait les prairies et les bois et enveloppait les villages. Un bruit effroyable, immense, dominait les cris des chefs, les chants des soldats. La terre tremblait, et les échos répétaient les sifflements des projectiles. C'était vraiment une grande bataille, un combat de géants. Des deux cent mille hommes qui étaient là, pas un ne restait inactif. Tous brûlaient jusqu'à leur dernière cartouche, et les canons étaient obligés de renouveler à chaque instant leur provision d'obus.

A six heures du soir, ce n'était pas une victoire, mais une belle journée. Nous n'avions pas perdu un pouce du terrain occupé le matin. Encore un effort le lendemain et l'ennemi ne pouvait plus tenir, loin de ses cantonnements, contre une troupe qui était chez elle, à deux pas de son centre de ravitaillement, du camp où elle avait été formée, ou au moins ralliée.

Mais Frédéric-Charles avait compris le désavantage de sa situation. On ne s'était pas encore battu sur sa gauche, à notre extrême droite. Changer le théâtre de l'action, c'est marquer en somme, et le soldat qui marche croit toujours avancer. D'Ardenay, de Changé, d'Auvours, des colonnes silencieuses partent, et grâce aux bois de sapin qui dissimulent leur marche, vont rejoindre la route de Tours près du hameau du Ruaudin. La nuit est venue. Il y a là, sur le côteau du Tertre-Rouge, tout un corps d'armée, il est vrai, mais ce sont de jeunes troupes, des mobilisés de Bretagne, que la nuit peut effrayer, qu'une attaque soudaine peut déconcerter. Il y a là beaucoup d'artillerie, sans doute, mais les pointeurs ne pourront distinguer, dans la nuit sombre, les masses sombres de l'armée allemande.

A huit heures, un bourdonnement sourd monte vers le Tertre-Rouge. C'est l'artillerie prussienne qui se met en position des deux côtés de la route de Tours. Elle ignore encore la distance exacte des batteries françaises, car on n'a pu faire aucune reconnaissance de ce côté. On envoie donc une bombe d'essai, UNE SEULE, qui arrive dans un champ, à droite de la route, au-dessous des batteries, tout près de la petite auberge de Julien, dans laquelle les généraux français causent au coin du feu.

Les généraux montent précipitamment sur le tertre. Les artilleurs sont très hésitants, très émus. L'infanterie abandonne ses tranchées, ses ambuscades. Pas un coup de fusil n'est tiré. Pris d'une terreur folle, les jeunes soldats montent au pas de course sur les retranchements et, arrivés sur la plate-forme, jetant leurs sacs et leurs armes, courent vers la ville. Au lieu de les retenir, les généraux donnent des ordres aux artilleurs, qui attellent leurs pièces et les emmènent vers Pontlieu. En un instant, tout le corps d'armée a fui, et, dans le silence de la nuit, on n'entend plus que le bruit lointain des lourds affûts roulant dans les rues du grand faubourg.

Pendant ce temps les Prussiens avan-

cent, pas à pas, prudemment, l'oreille au guet, l'arme prête. Ils montent sur le tertre. Ils trouvent la place des canons; ils trébuchent sur les sacs, sur les armes. Tout le plateau est à eux! Ils s'y installent et y font leur campement pour la nuit.

Quand le jour vient, le 12 janvier, le cercle est entamé. La panique gagne les défenseurs de Changé, des Arches et d'Yvré-l'Evêque. « Nous sommes trahis! Nous sommes vendus!... » s'écrient-ils, et ils abandonnent à leur tour ces positions si chèrement conquises l'avant-veille, si héroïquement défendues la veille. Toutes les routes voient passer cette foule d'hommes démoralisés, qui se sentent vaincus quand ils ont si peu peu mérité de l'être, et, pêle-mêle, ils rentrent dans les faubourgs du Mans.

A dix heures du matin, le général Chanzy voit s'écrouler toute sa conception savante, patiemment élaborée. Il télégraphie au gouvernement ces lignes navrantes :

« Notre position était bonne hier au soir. La panique d'une partie des mobilisés de Bretagne, à la Tuilerie (1), a été le signal de la débandade.

» Sur toute la rive gauche de l'Huisne les troupes se sont dispersées.

» Le vice-amiral Jauréguiberry déclare que la retraite est impérieusement commandée.

» Sur les autres positions, les généraux déclarent qu'ils ne peuvent tenir. Le cœur me saigne; je suis contraint de céder. »

Un seul corps, le 21e, ne fut pas atteint par la panique. Des hauteurs qui dominent Yvré-l'Evêque il se dirigea, laissant le Mans à gauche, vers le camp de Conlie, traversant la Sarthe aux ponts de la Guierche, de Montbiran et de Beaumont, s'arrêtant à chaque pas, pour interrompre la poursuite de trois divisions de l'armée du duc de Mecklembourg, et coupant derrière lui les ponts pour assurer sa retraite.

La nouvelle de cette belle conduite rendit au général Chanzy son sang-froid habituel qui l'avait abandonné le matin. Tandis que quelques bombes sont lancées sur la ville, il donne des ordres pour que le matériel de l'armée ne tombe pas aux mains de l'ennemi.

Les ponts de la Sarthe sont insuffisants. Un seul peut être utilement employé au passage des innombrables chariots. Mais, pour qu'il puisse suffire, il faut du temps. On rallie les hommes qui veulent encore combattre. Officiers

(1) La Tuilerie est un établissement situé au point culminant du Tertre-Rouge.

et soldats, pêle-mêle, gardes nationaux, mobiles et mobilisés, se portent à la gare du chemin de fer, à Pontlieu, à l'avenue de Paris, à Sainte-Croix, sur la route de l'éventail, aux Capucins.

Tandis que leurs obus viennent frapper jusqu'au centre de la ville, place des Halles, où deux éclatent dans le café Lecour, les colonnes prussiennes avancent par ces chemins, et au fur et à mesure qu'elles gagnent du terrain, elles se répandent dans les voies latérales, elles foisonnent, elles couvrent la grande cité d'un inextricable réseau.

Derrière les soldats qui combattent, viennent les scélérats qui volent, qui brûlent, qui s'enivrent. L'état-major est déjà à la préfecture, que la place des Halles n'est pas prise. Les pillards sont installés au magnifique palais de l'évêché, où ils allument un gigantesque incendie, et la place des Halles résiste encore, jusqu'à ce que les Prussiens débordent par les rues des Minimes, Courthard et du Puits-de-Quatre-Roues.

Les braves défenseurs du Mans se replient par les rues du Porc-Epic, du Cornet et de Saint-Louis, et défendent la vaste place de l'Eperon. Là, la lutte est furieuse, terrible, acharnée. On marche littéralement dans le sang.

Déjà deux cents cadavres sont étendus sur le pavé de ce dernier champ de bataille, quand il faut l'abandonner. Les bandes d'Allemands se sont répandues dans le vieux quartier, où grouillent le vice et la misère. Ils sont descendus par ces rues fantastiques faites de boue et de grès; ils ont dégringolé à travers les abattis de vieilles masures, que la ville avait entrepris dans des temps plus heureux pour créer un square. La place de l'Eperon est tournée; il n'est que temps de fuir vers la Sarthe, de passer les ponts et de se masser sur la rive droite, où déjà la plus grande partie du matériel est à l'abri d'un coup de main.

Le drame militaire est terminé. Chanzy commence une retraite vers Laval en fixant à Conlie sa première étape, et les Prussiens, maîtres absolus du Mans, vont s'y livrer au pillage en règle.

Mais un autre ennemi s'y est installé avant eux. Sur une foule de portes, une inscription les fait reculer épouvantés : « *Varioleux !* » L'épidémie règne dans cette ville dont la prise vient de coûter tant de sang. La peur saisit le soldat, qui campe dans la rue, et attend que le jour soit revenu, pour que, l'ordre du chef à la main, il puisse aller demander un asile dans les maisons où le fléau ne sévit pas.

Les brillants officiers qui viennent de refaire leur pacotille à peu de frais, dans les boutiques défoncées du quartier commerçant, arrivent avec leur butin, à la place des Halles. Ils prennent d'assaut l'hôtel de la Boule-d'Or. En un clin d'œil, ils se répandent dans les chambres. Ils changent leurs costumes de campagne contre d'élégants uniformes de fantaisie. La musique leur donne l'aubade, et bientôt le champagne pétille dans les coupes...

La tuerie est finie! Que la fête commence!

Et, quand l'orgie est bruyante, l'ivresse folle, la joie dans tous les cœurs, de lugubres cortéges passent au milieu des soldats effarés. Des hommes silencieux portent des brancards vers l'église. On leur jette au passage une bénédiction furtive, et les fardeaux vont s'empiler dans les fosses béantes du cimetière.

Ce sont les varioleux de la journée, mêlés aux victimes du combat, que l'on porte à leur dernière demeure.

Et le soldat que l'horrible spectacle épouvante cherche en vain sur sa couche de terre glacée un sommeil réparateur, un peu de repos, un peu d'oubli !...

XIII

Route de Tours

28 février.

En temps ordinaire, rien de plus simple que de faire le voyage du Mans à Tours. Deux heures de chemin de fer séparent seulement les deux villes. Mais de ce côté de la France, tous les ponts qui n'ont pas été détruits par les Français pour empêcher le passage des Prussiens, ayant été détruits par les Prussiens pour entraver la marche des Français, le chemin de fer est coupé en maints endroits, et il faut avoir recours à l'ancien moyen de locomotion, la voiture.

Seulement, les voitures sont employées par les Prussiens pour leur agrément. Il y a deux jours, deux sous-officiers ont arrêté un cabriolet dans lequel se trouvait une dame, sur la place de l'Hôpital, et lui ont demandé de vouloir bien les accepter dans sa voiture. Comme la dame refusait de les admettre en sa compagnie, ils l'ont priée de descendre, ce qu'elle a fait croyant la chose nécessaire aux explications, et les deux drôles, montant à sa place, sont partis pour une destination inconnue. Les incidents de ce genre étant nombreux, le nombre des voitures de louage se trouve fort réduit au Mans, car les gens qui empruntent ainsi des équipages ne prennent d'ordinaire nul souci de les ramener à leurs propriétaires, et se contentent, au terme de la course, de les laisser sur le grand chemin, où jamais, à aucune époque, voiture abandonnée ne reste long-temps sans maître.

La plupart des loueurs de cabriolets du Mans, n'ayant conservé ainsi que la nue propriété de leurs véhicules, ceux qui continuent leur commerce ont des préten-tions fantastiques. Non-seulement le prix qu'ils réclament est supérieur à la valeur de la voiture et du cheval, mais il com-prend encore une large indemnité pour les désagréments que peut éprouver en route le cocher.

J'allais partir tout simplement à pied, comptant sur le hasard pour me faire trouver mieux en chemin, quand je vis déboucher sur la place des Halles un équi-page fringant qui déposa sur le seuil de l'hôtel que j'habitais un agent supérieur de la compagnie du chemin de fer d'Or-léans. Le voyageur étant porteur de colis, j'eus l'idée de lui demander d'où il ve-nait :

— J'arrive de Tours, dans ce fiacre, me dit-il.

— Le gardez-vous?

— Non, car je reste ici plusieurs jours.

— Alors, cocher, m'écriai-je, je vous réquisitionne. Conduisez-moi à Tours. Il y aura un bon pourboire.

Le cocher m'engagea à aller prendre un laissez-passer à la mairie, la route étant noire de Prussiens. J'y allai, et, au mo-ment du visa, le simple soldat qui ac-complit cette formalité me demanda deux francs.

Partout ailleurs, le visa, délivré par des officiers ou des sous-officiers, ne coû-tant rien, je demandai à ce simple soldat la raison de ce léger impôt. Mais il ne sa-vait pas parler français et ne put me four-nir qu'une seule explication :

— Commandatus royal!... me dit-il en se levant et en se tenant fixe, les deux bras le long du corps, dans l'attitude du port d'armes.

Comme je soupçonne fort le supérieur de ce respectueux militaire de s'approprier ainsi les deux francs des solliciteurs de visa, je signale son petit commerce à la vindicte de ses chefs de bande.

Me voici en route. Je sors du Mans par le faubourg de Pont-Lieu, où je vois les ruines de huit pauvres maisons incendiées à la main par les Prussiens le jour de leur entrée. Je passe ensuite au Tertre-Rouge, ce coin sinistre du champ de bataille où quarante mille hommes abandonnèrent des retranchements dont le canon n'eût pu avoir raison en quinze jours. Je ren-contre plus loin, à la droite du chemin, le beau champ de courses où, il y a quel-ques jours, les officiers allemands ont donné une grande fête hippique, à la-quelle aucun habitant du Mans n'a dai-gné assister, si bien qu'un cavalier s'y est cassé les reins sans exciter seulement la moindre émotion. Je passe dans plu-sieurs villages dont le nom n'appartient pas à l'histoire, et j'arrive sur le tard à Château-du-Loir, petite ville de quinze cents habitants, où le cheval, le cocher et moi, nous devons passer la nuit.

Seulement, il y a sept mille Prussiens et douze cents chevaux qui occupent Châ-teau-du-Loir, et la ville n'a que deux au-berges possédant ensemble quatorze pla-ces de râtelier et vingt-deux lits!

Certes, la situation de mon cheval et de mon cocher est intéressante. Mais ce n'est pas sur elle que je désire appeler la pitié du lecteur. A Château-du-Loir seu-lement je comprends ce qu'on appelle l'occupation militaire.

Ces sept mille hommes prennent les lits, les dédoublent, étalent sur le sol des chambres les matelas et les draps et s'y couchent. Ils mettent les chevaux dans les pièces où l'on ne couche pas, écuries ou cuisines, salles à manger ou salons.

Ils entrent sans crier gare et procèdent à cette installation — dévastation et pro-fanation — sans seulement dire un mot aux habitants.

Quand ils ont retenu leurs places, pris le fourrage, et donné la pâture à leurs chevaux, ils s'adressent aux gens pour la première fois, et avec un ton d'autorité sur lequel il n'y a pas à se méprendre, ne disent qu'un mot :

— Manger !...

Et ils prennent place à la table de fa-mille, sans se soucier du désespoir peint sur tous les visages, et de la voix et du geste montrent qu'ils ont faim, et qu'il faut qu'on les serve.

Ils exigent de la viande, du café! Il leur faut aussi un repas pour le lende-main matin, à l'heure du réveil. Puis ils se couchent et dorment paisiblement, tan-dis que les habitants passent la nuit sur des chaises !...

Ce régime-là a duré, pour certaines lo-calités, pendant trois mois sans interrup-tion !...

Il est bien entendu qu'il n'y a pas tou-jours sept mille hommes et douze cents chevaux dans des villes de quinze cents habitants; il est certain même que le plus souvent le nombre des garnisaires est in-férieur de beaucoup à celui de leurs victi-mes, mais les jours de passage sont terri-bles, et la période de l'armistice a été si-gnalée par un redoublement de marches en tous sens dans les départements en-vahis.

Logement, nourriture, fourrages, tout est aux frais des habitants. La commune, au début, égalise les charges, paye les pauvres, impose les riches ! Mais au bout de quelques jours, les petites caisses municipales sont à sec, et l'on se contente de dire :

— Quand il n'y aura plus rien, *ils* cesseront forcément de venir chez nous.

Et l'on se trompe, car alors ils sont furieux, et pillent, et brûlent !...

Voilà ce que c'est que l'occupation militaire, comme l'entendent les Allemands.

Mais il y a vraiment quelque chose de plus épouvantable que ce brigandage, que ce vol à main armée. C'est cette violation constante du foyer domestique ! c'est cette intrusion de grossiers soldats dans les chambres des jeunes filles, dans les réduits les plus mystérieux des appartements. Rien ne les arrête dans leurs perquisitions.

— Monsieur, coucher... Madame, manger ! disent-ils.

Et la maison est désormais à eux.

J'ai vu, à Château-du-Loir, un soldat qui s'était fait un lit avec les couchettes de deux berceaux ! Et, le lendemain, il caressait les enfants, au moment du départ, et leur demandait s'ils avaient bien dormi...

Car, il faut bien le dire, et je regrette de ne pas savoir quelle est le monstre qui a inventé ce raffinement de cruauté, les garnisaires allemands sont d'une grande politesse... par ordre. Leurs sous-officiers leur font apprendre toutes les formules de salutation et de remerciment. Ils ne quittent jamais une maison sans débiter tout le chapelet de leurs aménités, et sans obliger les malheureux qu'ils ont torturé à leur donner la main. Et cette politesse, ils ne la montrent qu'au départ, tandis qu'à l'arrivée ils commandent brièvement en maîtres absolus.

Je passai la nuit sur un excellent billard, ayant suspendu au-dessus de ma tête une lampe à pétrole qui laissait échapper son contenu goutte à goutte, et me faisait rêver à la rosée du matin. Puis je remontai dans mon fiacre, non sans avoir admiré la prévoyance du hasard, qui m'avait placé sur un billard pour éviter au tapis-vert le désagrément d'être taché d'huile, et sans m'apitoyer sur le malheur du maître d'hôtel, qui venait de se voir enlever un large carré de cuir, taillé dans la capote de sa voiture par un soldat cordonnier. La route se fit sans incident jusqu'à la tranchée, le faubourg de Tours, d'où l'on découvre la ville, et où les artilleurs prussiens avaient pris position pour bombarder.

Là, j'appris une assez singulière aventure.

Plusieurs francs-tireurs ayant passé dans un village des environs de Tours, et étant allés s'embusquer dans un petit bois voisin, sur une route ou des uhlans devaient passer, quelques paysans eurent l'idée d'aller de ce côté pour voir le combat projeté. Seulement, au lieu de deux ou trois uhlans, il en vint une centaine. Les francs-tireurs ne tirèrent pas, mais les uhlans enveloppèrent les curieux, au nombre de vingt-quatre, et les firent prisonniers. Un des paysans ayant un fusil de chasse fut fusillé sur place. Quant aux autres, on leur demanda d'indiquer les communes auxquelles ils appartenaient. On annonça aux maires que leurs villages étaient frappés de contributions de guerre de mille à trois mille francs par prisonnier, et que, faute de payement, ces malheureux seraient conduits en Allemagne. Les maires réunirent la somme demandée et se firent remettre un reçu. L'un d'eux, le maire de Bléré, m'en a montré copie. Le délit reproché aux paysans est « une curiosité coupable. » Le total des amendes s'est monté à cinquante mille francs !...

Après avoir traversé la Loire sur le magnifique pont qui heureusement n'a pas été coupé, j'examine la superbe entaille faite au fronton de l'Hôtel de ville, par un des boulets lancés du haut de la Tranchée.

J'espère que la municipalité conservera cette cicatrice. Il faut que ces traces-là restent, pour que notre peuple n'oublie pas.

Je mis pied à terre dans la rue Royale, où je voyais des groupes assez animés.

On racontait que la veille, au soir, un soldat allemand ayant demandé à un passant de lui indiquer certaine maison, le passant s'était empressé de le faire, puis était entré chez lui, presque en face de la maison désignée. Le soldat n'ayant pu se faire ouvrir, pensa que le passant lui avait donné une fausse indication, et il courut le sabre à la main vers l'allée dans laquelle cet homme était entré.

Une femme, ayant un enfant dans ses bras, se tenait sur le seuil. Le misérable lui donna un coup de sabre qui lui fit une grave blessure à la tête et tua l'enfant, une petite fille âgée de huit mois !...

Cet horrible récit m'impressionna vivement. Je venais précisément de lire une note officielle du *Moniteur de Versailles*, m'accusant d'insulter l'armée allemande, de l'accuser de vol et de pillage. Pourtant je n'avais pas raconté de meurtres d'enfants !...

J'ai donc voulu être bien certain de la vérité du fait. Je suis allé à l'adresse qu'on m'avait donnée, dans le quartier pauvre, rue des Huit-Pies. La mère, madame Marot, venait d'être transportée à l'hôpital dans un état désespéré, et *je vis l'enfant mort!.....*

XIV

Mémoires secrets de Pipe-en-Bois

3 mars.

Ce titre est assurément le seul qui convienne à une histoire véridique du gouvernement de Tours. Pipe-en-Bois a été la cheville ouvrière de la délégation. La population ne connaissait que lui. Parlant du groupe d'hommes qui avaient la prétention de représenter la France, la France envahie, luttant avec l'énergie du désespoir contre un ennemi implacable, les ambassadeurs disaient : « Le gouvernement de Pipe-en-Bois. » Et ce n'était pas une honte, mais une épreuve de plus, car les hommes considérab' ., dévoués à leur pays, soldats ou d ... nates, qui étaient obligés de s'approc' r tous les jours de ce carnaval ambulant, gardaient leur sérieux, souffraient en silence, et n'en faisaient pas moins leur devoir.

Le rôle de Pipe-en-Bois n'était pas bien défini, mais il était important. C'est au balcon de ce personnage que Gambetta se montrait à la foule. C'est dans le cabinet de ce haut dignitaire, couché tout de son long sur un canapé, que les fonctionnaires publics de tous ordres venaient recevoir leur investiture. Et quand Pipe-en-Bois allait au café, toute la vie politique désertait le palais préfectoral. Je ne sais si c'est Pipe-en-Bois qui dit un jour à lord Lyons : « Monsieur l'ambassadeur, prenez-vous un bock...!» et qui ajouta, voyant le noble lord silencieux : « C'est juste ! j'oubliais que vous ne buvez que du pale-ale ! ». Mais ce que je dois constater, c'est que les magistrats et les fonctionnaires, ne dédaignaient pas de venir causer avec lui dans un entre-sol fumeux et malpropre dépendant du café du Commerce.

Pipe-en-Bois, Isambert et Spuller étaient les brillants satellites de l'astre Laurier. Tous les quatre occupaient la préfecture, magnifique habitation, dont le mobilier a gardé les traces de leur passage. M. Crémieux demeurait au palais archiépiscopal, dont Mgr Guibert lui faisait les honneurs avec une parfaite aménité. Quant à M. Glais-Bizoin, il mangeait à l'hôtel de Bordeaux et couchait dans la chambre du censeur du Lycée de Tours, M. Prével, frère de mon collaborateur et ami Jules Prével.

Ce gouvernement était installé depuis quelques jours, quand M. Thiers arriva. Un accident de chemin de fer l'avait retardé. On lui offrit un appartement à l'hôtel préfectoral ; mais il s'y exhalait une telle odeur de pipe culottée, qu'il refusa et s'installa à l'Hôtel de Bordeaux.

Quant à l'amiral Fourichon, — très digne et très dédaigneux pour le gouvernement du café du Commerce, — il occupait le palais du maréchalat avec M. de Loverdo, et plus tard M. de Freyssinet.

Les allures de ce gouvernement étaient si étranges qu'elles excitaient au plus haut degré l'hilarité des Tourangeaux. Le bon M. Glais-Bizoin surtout était le favori des gamins, qui lui faisaient cortége dans les rues. Son chapeau blanc, à longs poils, avait un succès énorme. « Il l'a fait friser aujourd'hui ! » criait-on. Ou bien on chantait, sur l'air des *Lampions :* « Un coup d'fer ! un coup d'fer ! » Tout cela formait ce que M. Glais-Bizoin appelait sa popularité.

Du reste, je vais passer rapidement en revue les événements, grands ou petits, dont Tours a été le théâtre jusqu'au jour où le canon prussien a tonné sur les hauteurs de la Tranchée.

Le 2 octobre, le général Uhrich arriva à Tours incognito et descendit à l'archevêché, où M. Crémieux lui avait fait préparer un appartement. Dès qu'on connut à Tours la présence du général, une foule véritable encombra les abords du palais, qu'elle finit par envahir, aux cris de : « Vive Uhrich ! vive Strasbourg ! vive la France ! » Le général parut sur le perron et fut aussitôt entouré, embrassé, pressé par la foule. L'enthousiasme touchait au délire : « Je vous embrasse tous, dans la personne de votre maire ! » dit le général, très ému, en serrant dans ses bras M. Gouin, qui venait de lui être présenté par M. Crémieux.

« L'honneur que vous me faites est trop grand pour moi... Mais je fais la part de mes collaborateurs, auxquels je reporterai, avec lesquels je partagerai vos vivat ! » s'écria le général. « Ce jour restera éternellement dans ma mémoire ; merci pour l'Alsace et la Lorraine surtout. Nous aurons, pour les conserver ou les reprendre, de grands efforts à faire : il faudra noyer dans son sang un adversaire enivré de ses succès... »

A ce moment, M. Crémieux, posant la main sur l'épaule du général, s'écrie à son tour :

« Il pourra bien mourir, notre cher Uhrich, puisque nous mourrons tous, dans nous et notre chair ; mais son nom et sa mémoire subsisteront immortels par delà les siècles ; ils seront indissolublement liés à l'histoire de l'Alsace!... de l'Alsace que rien ne ravira à notre amour ! »

Par extraordinaire, M. Crémieux était vraiment beau d'enthousiasme et de passion en ce moment. L'archevêque lui-même applaudit des deux mains à ce petit discours, et la foule se sépara aux cris de : « Vive Uhrich ! vive la France ! »

Mais si M. Crémieux venait d'avoir ce succès de fenêtre, à l'intérieur des appartements il accumulait les maladresses à ce point que, le 3 octobre, l'amiral Fourichon, las de se voir sans cesse taquiné par ce bonhomme qui dans les discussions lançait toujours cet argument sans réplique : « Je suis l'élu de la nation, et vous n'êtes que notre ministre, » donna sa démission. M. Crémieux envoya aussitôt chercher M. Glais-Bizoin au café, afin de lui faire mettre sa signature au bas du décret dans lequel il se nommait, lui Crémieux, ministre de la guerre. Cela ne dura que huit jours, car le premier acte de M. Gambetta fut de réintégrer l'amiral dans son poste.

C'est le 9 octobre que le célèbre avocat fit son entrée à Tours. Un instant sa voiture fut entourée par la foule : « Toute l'armée de la Loire sur Paris ! » s'écrie Gambetta, et la foule s'ouvrit pour lui laisser passage. Le jour même, les deux cents hommes qui composaient le club démocratique, présidés par le typographe Frouin, se rendirent à la préfecture, et, massés dans la petite cour, crièrent si fort : « Vive Gambetta ! » que le ministre, qui travaillait alors avec Pipe-en-Bois, ouvrit la fenêtre du cabinet de ce dernier, et leur adressa quelques mots.

C'est ce que les dépêches officielles, transmises à toute la France, exprimaient ainsi : « M. Gambetta, acclamé par la foule, a dû paraître au balcon de la préfecture. »

Le lendemain arriva Garibaldi. M. Glais-Bizoin fut chargé de le recevoir à la gare. Une compagnie de francs-tireurs était rangée en bataille dans la cour.

— Général, s'écria M. Glais-Bizoin, permettez que je vous embrasse au nom de nos braves francs-tireurs !...

Et il embrassa le général qui l'embrassa à son tour en lui disant :

— Très pressé par de graves devoirs, je ne puis embrasser vos braves francs-tireurs, mais je vous prie de les embrasser pour moi !...

Et il monta dans ce fiacre !... toujours le même fiacre qui joue, dans cette histoire, un rôle des plus importants.

M. Glais-Bizoin sentait la gravité des devoirs qu'il avait à remplir. Les francs-tireurs étaient cent cinquante !...

— Capitaine, dit l'auteur du *Vrai courage* au chef des francs-tireurs, je ne puis embrasser tous vos hommes, mais je vous embrasse pour eux !...

Et il embrassa le capitaine.

Au café du Commerce où M. Glais-Bizoin vint raconter l'aventure à Pipe-en-Bois, on ne l'appela plus que le ministre des embrassades.

La population de Tours assistait assez indifférente à toutes ces démonstrations, dont elle voyait de près les côtés ridicules. Quelquefois pourtant elle était prise de colère quand les dépêches envoyées dans les départements, et qu'on lisait dans les journaux, racontaient avec une incroyable exagération les petites scènes intimes dont on faisait des manifestations populaires.

On ne reconnaissait à M. Gambetta aucun prestige, et comme on ne se gênait pas pour dire tout haut ce qu'on en pensait, le clubiste Frouin proposa à ses deux cents sociétaires de se constituer en garde d'honneur du ministre. L'admiration sans bornes, les applaudissements à outrance, les acclamations et les petites promenades dans la cour de la préfecture, sous le balcon de Pipe-en-Bois, furent décrétés par la réunion. Jamais ténor ne fut plus chaudement fêté par ses claqueurs habituels que le jeune dictateur par ces volontaires de l'enthousiasme, dont la tyrannie fut bientôt insupportable à toute la ville. Les hommes sérieux que le service du pays appelaient à Tours étaient profondément attristés des scènes ridicules qui se jouaient ainsi en plein jour. M. Thiers tout particulièrement adressait à la délégation des reproches très vifs sur tous ces mensonges qu'on répandait en province et sur cette comédie d'enthousiasme. Il ne se gênait pas pour dire publiquement : « Vous mentez toujours ! » au ministre des embrassades lui-même.

Un autre personnage n'a eu qu'un rôle éphémère. C'est M. Cochery, le député de Pithiviers. M. Thiers venant à Paris, dans le fiacre en question, attelé en poste, M. Cochery demanda à l'accompagner comme secrétaire. Il passa ainsi les lignes prussiennes et entra dans Paris, muni d'un sauf-conduit pour ramener la voiture. Mais il n'était pas seul dans le fiacre ; au retour Calypso, ne pouvant se consoler du départ d'Ulysse, venait le rejoindre à Tours, en société de l'obligeant M. Cochery. Pigeon, ballon, crédit de M. Thiers, tout cela avait été mis en œuvre pour rapprocher deux êtres unis par le plus doux des liens !...

Dans quelle rage a dû se mettre M. Thiers, quand il a su quel rôle on lui avait ainsi fait jouer à son insu.

L'attitude de Bourbaki à Tours mérite une mention. L'illustre général était venu, par un scrupule de patriote, se mettre à la disposition du gouvernement. Quand il y vit clair, il conçut une immense tristesse. Accepter aux yeux du pays une responsabilité écrasante lui parut plus patriotique que d'établir par son refus que l'armée qu'il allait commander était imaginaire. Quand il prit son commandement à Bourges, il n'avait que vingt-trois mille hommes de troupes, et Dieu sait quelles troupes. Son digne ami, le cardinal de la Tour-d'Auvergne, essayait en vain de le consoler :

— J'entre en campagne sûr d'aller à la mort, lui disait le général. Si je suis vaincu, j'échapperai par le suicide à toute récrimination!... et je vois que c'est ma seule issue. Si je refusais de marcher dans les conditions où je me trouve, on m'appellerait traître, et je ne saurai pas survivre à une telle accusation, quelque absurde qu'elle soit!

C'est à Tours que M. de Charette amena les volontaires pontificaux après l'évacuation de Rome. C'est à Tours que M. de Cathelineau créa son bataillon de la Vendée. Comme Bourbaki lui-même, ces braves volontaires trouvèrent auprès du gouvernement d'estaminet qui régnait sur la France un certain mauvais vouloir.

— Envoyez-nous d'abord au feu, dit M. de Charette, c'est ce que nous vous demandons. Quand nous aurons fait nos preuves, vous réglerez notre situation. Nous ne voulons que des ordres.

On les envoya à l'armée de Chanzy, où ils firent noblement leur devoir.

C'est le 9 décembre, de grand matin, que le gouvernement déménagea. Depuis quinze jours tous les papiers, tous les imprimés étaient en caisse. On ne faisait que clouer et déclouer. Le jour du départ, l'*Union libérale* envoya aux fuyards cette virulente apostrophe, renouvelée de Ruy Blas :

Donc vous n'avez pas honte et vous choisissez
l'heure,
L'heure sombre où la France agonisante pleure!
Donc vous n'aviez, venant ici, d'autre intérêt
Que d'emplir votre poche, et vous enfuir après!
Soyez maudits!... devant votre pays qui tombe,
Fossoyeurs qui venez le voler dans sa tombe!

Le gouvernement de Pipe-en-Bois n'a pas protesté.

XV

Les Prussiens à Tours

4 mars.

Tours avait repris son aspect accoutumé, quand, le 21 décembre au matin, des voyageurs venant de la route de Paris annoncèrent les Prussiens.

En effet, vers onze heures, une petite troupe de uhlans descendait le coteau de la Tranchée, qui fait face à la ville, et s'engageait sur le magnifique pont de la Loire.

Quelques curieux reconnurent dans le uhlan qui se tenait auprès de l'officier un jeune Allemand qui, plusieurs mois auparavant, était garçon chez M. Charpentier, épicier, rue Baleychoux. C'était toujours le même système d'éclaireurs, faisant profiter l'armée ennemie de leur séjour en France du temps où ils gagnaient leur vie chez nous, grâce à notre fol amour pour l'hospitalité!

Tours n'avait pas un seul soldat, mais seulement des gardes nationaux. Un d'eux tira sur le petit détachement qui tourna bride, et remonta la Tranchée au galop.

Presque aussitôt, la crête de la colline se couvrit de fumée, et un sifflement terrible se fit entendre, suivi d'une formidable détonation. Pendant la nuit, sans avoir prévenu par des parlementaires, les Prussiens avaient installé en haut de la Tranchée leurs puissantes batteries. L'Hôtel de ville fut frappé le premier, au fronton; vingt maisons furent plus ou moins gravement atteintes. Trois personnes furent tuées, et un certain nombre furent blessées.

Notre ami Paul Beurtheret, rédacteur en chef de l'*Union libérale*, passait dans la rue Royale, se rendant à l'hôtel de l'Univers, où il allait déjeuner, quand le premier obus fit entendre son sifflement sinistre.

— Sauvez vous donc dans vos caves, cria-t-il à des femmes qui accouraient affolées dans la rue, ne comprenant pas ce que pouvait être ce bruit nouveau pour elles.

Un sifflement très rapproché lui coupa la parole. L'obus éclata à ses pieds, au coin de la rue Chaude et de la rue Royale. Un éclat le frappa à la tête et lui brisa le crâne. Il tomba foudroyé, sans pousser un cri, un soupir, une plainte (1).

Le maire de Tours, M. Gouïn, fit hisser le drapeau parlementaire sur le fronton de l'Hôtel de ville. Presque aussitôt le feu cessa.

Le maire et ses adjoints, MM. Magaud et Noirmant, précédés d'un tambour te-

(1) La mort de Beurtheret a été un deuil public à Tours. Il était aimé et estimé de tous, même de ses adversaires les plus passionnés. Pendant le séjour du gouvernement, les publicistes les plus en renom avaient recherché son amitié. M. Thiers lui-même en faisait grand cas. Beurtheret avait été quelques mois collaborateur du *Figaro*.

nnt à la main un mouchoir blanc, s'avancèrent sur le pont. Ils arrivèrent jusqu'à la Tranchée où il ne trouvèrent, en fait de chef allemand, qu'un capitaine d'état-major.

— Je n'ai aucun pouvoir pour traiter, messieurs, dit-il, et il n'y a pas ici de général. J'ai fait tirer le canon seulement parce que l'on a tiré sur la patrouille de uhlans que j'envoyais savoir s'il y a des troupes à Tours.

— Il n'y en a pas, dit M. Gouin.

— Fort bien. Alors je cesse de tirer.

— C'est qu'aussi, dit un autre officier, vous avez là un pont et une rue qui forment une si jolie enfilade que c'est vraiment un plaisir d'y envoyer des boulets !

Le maire et les adjoints revinrent en ville, sans pouvoir tirer autre chose de ces singuliers officiers. On vit les canons se retirer avec toutes les troupes, et pendant un mois on n'entendit plus parler des Prussiens !

Le 19 janvier seulement les Prussiens revinrent à la Tranchée. Le général Von Hartmann s'installa au sommet de la colline, dans une maison de campagne d'où l'on voit toute la ville, plaça ses canons en batterie, et fit prévenir officieusement M. Lee, directeur de l'ambulance anglaise, que, le lendemain à dix heures du matin, il entrerait dans Tours avec dix-huit mille hommes, sous la protection de trente-six pièces de canon. M. Lee en informa le maire, qui put réunir son conseil pour le moment critique.

Les choses, du reste, — on va voir si je suis sincère, — se passèrent le plus galamment du monde. On ferma les grilles de la ville, honnêtes grilles qui ne feraient pas reculer un enfant, et on attendit patiemment que dix uhlans se présentassent. Le secrétaire de la ville, M. Raffles, escorté de deux sergents de ville armés de drapeaux blancs, alla vers la grille, l'ouvrit, passa et la ferma, priant les uhlans de les conduire à leur chef.

Ce chef était un colonel, qui comprit, d'après l'argumentation de M. Raffles, qu'il fallait éviter à une grande ville comme Tours, déjà exaspérée par un premier bombardement, l'humiliation de se voir prise par une poignée de cavaliers. Il fit donc retirer ses hommes, invitant le maire à venir parlementer avec le général Von Hartmann, ce qui eut lieu.

La conférence dura une heure et demie. Le bon général fit si honnêtement les choses, qu'il oublia absolument ce qui le concernait personnellement, descendit dans un hôtel, et paya !!!

Quelques jours après, l'archiduc Frédéric-Charles arriva à Tours. Il blâma énergiquement le général Von Hartmann de sa générosité, et pour célébrer sa venue, frappa la ville d'une contribution de 50 francs par habitant.

— Je regrette d'être obligé de vous donner cette mauvaise nouvelle, dit le général au maire; mais pour vous montrer que je n'y suis pour rien, je vous promets d'être coulant sur le nombre des habitants.

Cette contribution fut réduite, à force de pourparlers, à quatre cent mille francs, mais exigibles sous peine de bombardement.

L'aimable archiduc fit aussi cadeau à la ville de Tours de deux fonctionnaires.

L'un, le commandant de place, se posa tout de suite par un acte odieux.

Il demanda un jour à l'adjoint, M. Magaud, une forte quantité d'avoine. La ville n'en possédant pas, M. Magaud refusa. Le commandant, pour le punir de sa résistance, ordonna le pillage de sa maison. Il y envoya aussitôt cent cinquante soldats, qui brisèrent ou volèrent tout. Le lendemain, ce brave officier fit présenter à la ville une traite de *cent cinquante francs*, pour payement du travail des cent cinquante hommes. La ville fut obligée de payer. Le titre existe !...

L'autre fonctionnaire nommé par Frédéric-Charles est un préfet, M. le comte de Kœnigsmarck. Celui-là eut l'applomb de convoquer le conseil général du département, pour montrer, disait-il, que le gouvernement prussien était plus libéral que celui de M. Gambetta. Le plus drôle, c'est que le conseil se réunit sous la présidence du préfet prussien, et qu'un conseiller, M. Flandin, un Français, eut le triste courage de signer par ampliation une délibération engageant les Tourangeaux à payer une contribution extraordinaire !

Depuis l'armistice, Frédéric-Charles frappa un jour le département d'une contribution de sept millions. Le préfet se donna le mérite de faire réduire cette exigence à quatre millions, mais n'accorda pour payer qu'un délai de trois jours.

Le soir du deuxième jour, le prince royal, « notre Fritz », étant venu à Tours, s'invita à dîner chez M. Torterue, conseiller général.

Au dessert, M. Torterue ramassa lui-même son argenterie, et demanda au prince la permission d'aller la cacher.

Le prince, froissé, demanda une explication.

— C'est que, dit M. Torterue, les soldats de Votre Altesse sauront qu'elle a dîné chez moi, et cela leur donnera une trop bonne idée de mon argenterie pour que je ne prenne pas cette précaution.

Cette fois, « notre Fritz » bondit. M. Torterue le laissa bondir, et, avec le plus grand calme, lui expliqua que la ville devait être pillée le lendemain, parce qu'elle ne pouvait payer les quatre millions du département.

Comme il partait le lendemain pour Versailles, le prince demanda un sursis. Le jour même, un télégramme réduisait la contribution à onze cent mille francs, dont trois cent mille payables immédiatement. La ville n'ayant pas les fonds, on allait piller. M. Alfred Mame alla offrir sa garantie. Cela évita le pillage, mais donna au préfet une idée: Il fit souscrire à tous les membres du conseil municipal une obligation commerciale de onze cent mille francs.

. Reste à savoir si jamais un huissier se chargera de présenter un pareil billet.

Je viens de montrer Frédéric-Charles agent de contributions. Les événements ne nous ont que trop révélé ce qu'était l'homme de guerre. Vous plait-il de savoir ce qu'est l'homme privé?

Le prince est arrivé à Tours le 15 février, et est allé s'installer dans le magnifique palais construit par la municipalité pour le maréchal Baraguey-d'Hilliers. Il envoya aussitôt annoncer au maire qu'il désirait être nourri par la ville. On lui envoya M. Roche, pâtissier, qui prit les ordres de Son Altesse. Il fallait, entre autres choses, *quarante bouteilles* de champagne frappé pour le dîner, et *six bouteilles* de bordeaux, à déposer chaque soir dans la chambre à coucher du prince!

Ce détail, — absolument officiel, — joint à des particularités nombreuses, indique le péché mignon de l'illustre général Frédéric-Charles. Il a, en outre, le vin assez tapageur. Rien ne l'amuse comme de jeter de la place qu'il occupe à table, dans le jardin, à travers les vitres qu'elle brise, la bouteille qu'il vient de vider!

Il marche pesamment, regarde sans voir, ne se laisse approcher par personne, n'a ni familiers ni intimes. S'il visite un établissement, un musée, un jardin, il se fait précéder, à cinq ou six pas, de deux officiers, et suivre, à la même distance, de deux autres. Il ne demande ni n'accepte aucune explication sur ce qu'il voit dans sa promenade.

C'est un homme de quarante-cinq ans, environ. Il est de taille moyenne, plutôt maigre que mince. Il porte favoris et moustache châtain foncé et grisonnants. Ses traits sont gros, son regard est dur, sa peau est presque basanée.

Il ne se laisse absolument approcher que par ses officiers d'état-major, sur lesquels il exerce un double prestige : l'autorité absolue du prince, l'autorité plus absolue de l'homme habile. Il ne discute pas, du reste, mais commande. Chaque matin il travaille. Si la journée doit être chaude, il est d'une sobriété absolue ; si au contraire il n'y a rien à faire, il congédie du geste ses officiers, et on ne le revoit plus que dans son état de torpeur habituel.

Le prince a des idées noires; il suppose que des ennemis veulent le faire assassiner. Dès qu'il fixe sa résidence quelque part, il fait dresser rapidement un plan de la propriété et organise un service de police dans le genre de celui des ci-devant résidences impériales. Il traîne toujours, du reste, à sa suite une centaine d'agents de police. Plusieurs, parlant français, sont chargés de rendre compte au prince des dispositions d'esprit de la population au milieu de laquelle les hasards de la guerre l'appellent à vivre.

Frédéric-Charles a un fils de dix-sept à dix-huit ans, qui est attaché à l'état-major du général Von Hartmann.

Les Prussiens n'ont séjourné en grand nombre à Tours que depuis l'armistice. Ils y ont exercé néanmoins l'occupation militaire dans toute sa rigueur, obligeant les habitants à les loger et à les nourrir à leurs frais, eux et leurs chevaux.

Les officiers, pour la plupart, logeaient dans les hôtels, et la ville était tenue de payer pour chacun neuf francs par jour. Comme partout, officiers et soldats ont sali et brisé tous les mobiliers. Les officiers, tout particulièrement, n'ont pas hésité à profaner le sanctuaire de la famille, et on les a vus fréquemment obliger d'honnêtes femmes, chez lesquelles ils logeaient par ordre, à recevoir à leur table d'horribles filles ramassées sur les trottoirs.

J'ai tant de fois, à Paris, pendant le siége, entendu faire l'éloge des officiers prussiens, qu'il me semble indispensable de réagir contre cette tendance. Que les officiers prussiens connaissent l'art militaire, c'est probable, et même certain. Mais que ces hommes soient des gens bien élevés, je le nie formellement. J'en appelle à tous les Français qui ont été obligés d'en recevoir. Les officiers sont tous polis: mais avec les formes de la plus obséquieuse politesse, ils se conduisent pour la plupart avec la plus incroyable grossièreté.

Tout le caractère de l'officier prussien est dans ces quelques mots que j'ai entendus chez M. P..., inspecteur de la comptabilité de la Compagnie du chemin de fer, à Tours.

Un officier sortait :

— Je vous prie d'avoir l'extrême bonté de faire enlever tout de suite les ordures que j'ai laissées dans la chambre, dit-il, car je vais rentrer bientôt...

Je demande bien pardon au lecteur

d'imprimer de ces choses-là, mais je ne trouve pas d'autre moyen de bien faire comprendre ce qu'il m'est nécessaire de dire.

Voulez-vous un détail moins... épicé. A Tours, dans la rue Royale, se trouve le magnifique cercle Saint-Georges. Dès leur arrivée, les officiers prussiens envoient un ambassadeur au président, M. Auvray.

— Monsieur, dit-il, il y a parmi les cinq salons de votre cercle, *deux* pièces que nous désirerions avoir pour nous réunir.

— Monsieur, répond le président, je ne puis prendre de décision sans consulter les membres du cercle.

— Mais, monsieur, je vous ferai remarquer que les *trois* pièces que je vous demande peuvent être séparées, et que Prussiens et Français auront chacun leur entrée.

— Je vous répète que je ne puis rien décider.

— Alors, monsieur, nous prenons les cinq pièces pour établir notre cercle. Vous vous réunirez ailleurs, si vous le voulez bien.

Et l'ambassadeur fit au président son salut le plus gracieux. Le cercle Saint-Georges était désormais sans asile ! Les officiers ont gardé le local pendant l'armistice et depuis la paix !

XVI

Route de Blois

5 mars.

J'ai assisté, hier soir, à une scène odieuse que je dois raconter dans tous ses détails. Il ne s'agit pas d'un on-dit, mais d'un incident dont je connais les moindres particularités. Le hasard vient de me servir en me permettant de pouvoir affirmer des faits auxquels bien certainement je n'eusse pas cru si je n'en avais été le témoin.

La paix ayant été conclue à des conditions que les Allemands doivent trouver fort avantageuses, le prince Frédéric-Charles voulut fêter cet heureux dénoûment par une marche aux flambeaux. En conséquence, on confectionna des torches de résine, on réunit des musiques et des tambours, et, à huit heures du soir, le palais du maréchalat fut comme embrasé par les torches et inondé d'harmonie. Le prince, qui n'avait pas encore entamé ses six bouteilles de bordeaux, vint sur le perron témoigner sa satisfaction aux musiciens. Le cortège se rendit ensuite sur le Mail pour donner l'aubade au général Von Hartmann.

Une foule immense — de soldats, bien entendu — précédait, entourait ou suivait les musiciens en poussant de frénétiques hurrahs ! L'aubade terminée, on pensa devoir traverser la ville, et à cet effet on s'engagea dans la rue Royale.

L'aspect de la grande artère de Tours était sinistre. Toutes les boutiques sans exception étaient fermées ; pas une lumière ne brillait aux fenêtres. C'est donc dans ces ténèbres épaisses que la colonne de musiciens s'avança, éclairée par des torches dont la résine était consumée, et qui ne jetaient plus que quelques lueurs rougeâtres.

Au moment où le cortège passa devant le café du Commerce, les officiers, qui étaient à l'intérieur pêle-mêle avec les habitants de la ville, voulurent sortir et demandèrent qu'on ouvrît la porte.

— Passez par l'allée, leur dit le limonadier ; mais j'ai dû, *par peur de la foule*, fermer mes volets pour que mes glaces ne fussent pas brisées.

Les officiers n'étaient guère plus nombreux que les indigènes. Ils acceptèrent l'explication, et firent le détour.

Quand le bruit eut cessé, on ouvrit à deux battants la porte du café. Cette manifestation avait été bien innocente, bien silencieuse. On n'avait pas voulu s'associer à la joie des Allemands, voilà tout.

Mais certain colonel jugea le fait criminel et voulut en tirer une vengeance éclatante. Il sortit du café en disant au limonadier que cela lui coûterait cher.

En effet, une heure après il revint, escorté d'un groupe d'officiers — tous ceux qui étaient passés par la porte de l'allée — et annonça que cent quarante soldats allaient venir occuper le café, qu'ils y souperaient, y dormiraient, y déjeuneraient et y consommeraient gratis, à leur volonté.

Il avait à peine fini de parler, que les cent quarante hommes entraient un à un, casque en tête, sac au dos, fusil en avant, avec baïonnette au bout.

Il restait dans le café seulement une douzaine de consommateurs qui, voyant cette invasion, se préparèrent à sortir et mirent leurs chapeaux.

Ce fut comme un signal.

— Canailles de Français !... chapeau bas devant les officiers prussiens !... s'écria le colonel.

Et s'avançant vers un des consommateurs, il lui asséna un violent coup de poing en pleine figure. Les officiers se mirent de la partie, les soldats jouèrent de la crosse et on vida ainsi l'établissement.

Au dehors attendaient les gendarmes, qui, à coup de plat de sabre, achevaient l'assommade.

Tous les consommateurs y passèrent. Je sortis le dernier, et ne dus qu'à une circonstance tout à fait extraordinaire de n'être même pas touché. Un officier allemand, qui habitait le même hôtel que moi, s'était persuadé que j'étais un officier français. Il le dit bas au colonel qui, craignant sans doute pour le lendemain une provocation régulière — ce que n'aiment pas du tout ces messieurs, — me dit à peu près poliment :

— Sortez, monsieur, car le café doit rester fermé tant qu'il y aura un Allemand à Tours !...

On l'ouvrit toutefois, le lendemain matin, pour éclairer les garnisaires.

Tout ce que contenait l'établissement, vin, bière, liqueurs, était bu. Tous les cigares étaient fumés ou volés. Une bonne partie du matériel était brisée. On avait vu des soldats boire des bouteilles de sirop, sans eau... ou les verser sur le parquet. Rien d'ignoble comme ce champ de bataille d'un nouveau genre.

Comme, en cette circonstance, les consommateurs avaient attiré au limonadier cette avanie, nous avons ouvert, dès ce matin, une souscription, — aussitôt couverte, — pour l'indemniser.

Voilà comment les Prussiens se conduisent, en temps de paix, sur la rive gauche de la Loire, région qu'ils n'ont pas le droit d'occuper, aux termes des préliminaires de paix.

6 mars.

Me voici cheminant sur la levée de la Loire, méditant cette parole mémorable du général de Voigts-Rhetz à M. Magaud, adjoint au maire de Tours :

— Vous verrez, monsieur le maire, que nous ne pourrons pas quitter votre pays sans brûler quelques maisons...

Et cette réponse qui est vraiment française :

— Commencez par la mienne, monsieur le major général, et je me charge de vous casser... la figure.

C'est en ces termes charmants que l'on se quitte, se disant du reste : Au revoir !... et bien sincèrement, je vous assure — de la part des Français, du moins.

Après la bataille, Français et Allemands peuvent se donner la main. Après l'occupation, cela n'est plus possible. Les Prussiens le savent si bien, qu'ils ne laissent pas de traînards ni de petits corps détachés derrière eux. Les convois qui suivent chaque régiment sont suivis eux-mêmes d'un fort peloton de soldats, armes

chargées. Et ce n'est pas une précaution inutile.

A Montlouis, je déjeune avec un officier hanovrien, qui me dit très franchement :

— Je regrette bien que nous n'ayons pas fait notre entrée à Paris, car c'est une belle ville que je voudrais bien voir, et nous ne pourrons pas voyager en France avant dix ans !...

On avait fait sauter le pont du chemin de fer, près de ce village, comme on a fait sauter le pont d'Amboise, de Chaumont et de Blois. Mais la ligne de Paris à Bordeaux se trouvant ainsi coupée, le pont de Montlouis a été réparé le premier par les Français et les Allemands d'un commun accord.

Mais rien ne donne une horrible idée de la guerre comme l'aspect du pont d'Amboise.

C'était un ouvrage magnifique, tellement neuf qu'il n'était pas même achevé. La poudre, en brisant une arche, a détruit l'équilibre de l'édifice. Les piles et les arches se sont ébranlées, comme les parties d'un immense château de cartes, et le pont entier, - un pont long comme trois fois celui de la Concorde, à Paris, — est tombé dans la Loire. Il ne reste pas une pile debout.

Une seule, au milieu, n'est pas absolument couchée. Elle est penchée, comme la tour de Pise, et atteste, par ses belles dimensions, la grandeur de ce désastre, qu'un million ne pourra pas réparer ! Je dirai demain dans quelles circonstances cette destruction inutile a eu lieu.

Jamais, du reste, antérieurement à l'armistice, les Prussiens ne sont venus à Amboise. Quelques jours avant, des troupes s'étaient postées à l'autre bout du pont cassé, et après avoir mis en position deux obusiers, avaient arboré le drapeau parlementaire.

Le maire avait traversé la Loire en bateau, et était allé demander à cette honnête troupe ce qu'elle voulait faire avec ses obusiers.

— Nous voulons bombarder le château, si vous ne nous donnez pas vingt-cinq mille francs *tout de suite*...

Tout de suite est certainement la locution française que les Allemands pillards savent le mieux prononcer.

Le maire marchanda. Il expliqua aux braves Allemands que le château n'était qu'un monument historique, sans intérêt pour la ville, et que vingt-cinq mille francs c'était plus que la ville elle-même ne perdrait à être bombardée...

— Voulez-vous dix mille francs comptant ?... C'est à prendre ou à laisser.

— Va pour dix mille francs, dit le chef, mais vous allez les apporter *tout de suite !*

— Le temps d'aller à la mairie, ce joli petit bâtiment que vous voyez là, à droite, et de revenir.

— Mais, dit ce chef, si j'allais visiter le château pendant que mon intendant comptera l'argent avec vous.

— J'y consens, dit le maire, qui profita de la circonstance pour écouler toute la vilaine monnaie allemande, en cuivre et en papier, que des juifs de passage avaient laissée à Amboise.

Les dix mille francs payés, la ville fut tranquille jusqu'au 2 février, époque où un détachement de uhlans vint au château. L'officier visita en détail toutes les parties de l'édifice et s'arrêta devant un magnifique bois de cerf, considéré comme le plus grand et le plus beau de la contrée.

— C'est ce bois de cerf qui a figuré à l'exposition de 1867! dit-il.

— Oui, monsieur, répond le gardien, flairant une soustraction prochaine.

— Eh! bien, je vais vous l'enlever par ordre de Son Altesse le prince Frédéric-Charles, qui m'a envoyé ici tout exprès, avec mes hommes, pour avoir cette merveille.

Et il l'emporta. Mais le plus drôle, c'est que ce n'était que l'imitation de ce bois qu'emporta l'officier. Le bois lui-même était en lieu sûr.

Le 12 février, une garnison de douze cents fantassins et six cents cavaliers fut envoyée en subsistance dans cette petite ville.

Les cuirassiers blancs occupèrent le château, dont les écuries sont placées immédiatement au-dessous de la plate-forme, c'est-à-dire à une hauteur de sept ou huit étages ordinaires. On y arrive par une rampe en forme de vis placée dans une grosse tour, et serpentant autour d'un noyau.

Rien d'admirable et de grandiose comme cet escalier géant. Rien d'admirable aussi — il faut bien l'avouer — comme ces cuirassiers allemands, avec leurs casques du moyen âge et leurs armures brillantes, chevauchant au trot sur les rampes de cette tour, et grâce à leur merveilleuse discipline, conservant leurs rangs sous ces voûtes à demi éclairées par les barbacanes de l'épaisse muraille. J'ai vu ce fantastique spectacle, et j'avoue que j'ai oublié un instant l'invasion et ses crimes, la guerre et ses horreurs. Je me trouvais transporté aux époques légendaires de la chevalerie. J'entendais le cliquetis des armes, les hennissements des chevaux; je voyais l'acier briller dans l'ombre, et le bruit et l'éclat se multipliaient par l'écho comme par les scintillements dans un incessant tourbillon. Jamais je n'ai vu féerie pareille! Jamais l'imagination d'un peintre ne pourrait reproduire cette vision étrange!...

Et ces grossiers Allemands chantaient, insoucieux, sur cette route vertigineuse, ne se doutant pas plus du merveilleux effet qu'ils produisaient dans cet ensemble fantastique que le rocher ne pense au rôle qu'il joue dans le paysage.

— *Nix brout, nix fleich, nix vine!*... (1) leur avaient dit la veille les habitants d'Amboise... Et ils quittaient le château pour aller chercher plus loin *brout, fleich* et *vine.*

Cette rencontre dans la tour du sud me causa une telle impression que je restai froid aussi bien devant le porc-épic de Charles VIII que devant le tombeau des compagnons d'Abd-el-Kader. Pourtant je constatai que ces intelligents cuirassiers avaient brisé toutes les portes, toutes les vitres, sondé tous les massifs, défoncé tous les murs pour trouver des cachettes, mais toutefois avaient causé moins de dégâts que le duc de Penthièvre, voulant embellir l'édifice, en lui donnant un petit cachet Louis XVI.

Là-dessus, je me remis en chemin.

XVII

Blois, Chambord et Vendôme.

8 mars.

A Chaumont, le pont suspendu a encore été jeté au fond de la Loire, toujours par suite de la même aventure que je raconterai tout à l'heure, et qu'on appelle ici la déroute de Chambord.

Le château de Chaumont, situé sur un coteau qui domine la vallée de la Loire, est la propriété de M. le vicomte Walsh, qui y est resté pendant l'invasion, soignant avec un admirable dévouement les blessés de l'ambulance qu'il y avait établie. Depuis l'armistice seulement les Prussiens sont venus occuper le village et le château, et un estimable colonel s'est installé sans façon dans l'ambulance.

Dans la visite qu'il fit de l'antique demeure, cet officier aperçut un certain nombre de sacs de grains empilés sous une voûte.

— Qu'est-ce que c'est que cette provision? demanda-t-il à M. Walsh.

— Ce sont des blés que j'ai achetés pour pouvoir nourrir nos paysans ruinés par l'invasion jusqu'à la récolte prochaine.

(1) *Plus de pain, plus de viande, plus de vin,* dans l'argot franco-allemand en usage dans les pays occupés.

— C'est très bien, monsieur le vicomte, dit le colonel ému. Vous savez faire un bel usage de votre fortune...

Mais une heure après son départ du château, l'honnête officier y envoyait des chariots sous bonne escorte pour s'emparer de cette réserve.

Blois n'a pas énormément souffert, quoique ayant été deux fois bombardé par les Français et par les Prussiens.

C'est ici que je dois placer l'histoire de la déroute de Chambord.

Le 8 décembre, le général Morandi partait de Blois en passant le pont pour aller occuper Chambord, avec de jeunes troupes qui n'avaient pas encore vu le feu, et dont l'instruction était notoirement insuffisante. Les Prussiens, maîtres de Saint-Laurent-des-Eaux, devaient être refoulés sur la rive droite, vers Beaugency, dont on aurait fait sauter le pont. De cette façon, toute la rive gauche de la Loire se trouverait à l'abri de l'invasion.

Malheureusement les jeunes troupes, fatiguées d'une longue marche, ne tinrent pas longtemps devant l'ennemi, qui s'était installé à Chambord. On fut donc battu le 9, et contraint à se replier sur Blois. Mais le général Pétavin et le préfet Lecanu, qui ne s'attendaient pas à ce résultat, et qui pensaient être attaqués par la rive droite, venaient de faire sauter le pont pour empêcher les Prussiens, s'ils se rendaient maîtres de Blois, de passer sur la rive gauche.

C'était M. Gambetta qui avait réglé ce plan de défense assez naïf, car les Prussiens, une fois en ville, ne pouvaient manquer de moyens pour réparer le pont!...

Cette explosion prématurée n'eut d'autre résultat que de changer en déroute la retraite du corps du général Morandi.

Voilà donc nos soldats continuant leur course sur la rive gauche, et arrivant à Chaumont, se croyant poursuivis. Les premiers venus traversent la Loire et coupent le pont derrière eux, obligeant leurs camarades à faire encore cinq lieues pour trouver le pont d'Amboise, le passer et le faire sauter.

Les Prussiens ne se donnèrent pas tant de peine. Le 10 décembre, ils occupèrent le faubourg de Vienne, en face de Blois, et se mirent avec tranquillité à bombarder la ville, pour la punir d'avoir fait sauter une arche de son pont. Les gardes nationaux et les soldats du général Pétavin, fort peu nombreux du reste, et occupant les maisons du quai de Blois, échangeaient des coups de fusil avec les Prussiens occupant les maisons du faubourg. On se tuait peu, mais on cassait toutes les vitres. Par ordre du prince de Hesse, — qui ne voulait pas que Blois, ville très pittoresque, disait-il, fût endommagée, — on n'envoyait des bombes que du côté de la caserne. Cela dura une heure, au bout de laquelle le petit Galard se manifesta.

Le petit Galard était le factotum du préfet Lecanu. Jeune, blond, rose, bouffi, ce chérubin du secrétariat général, impertinent d'ordinaire comme un valet de bourreau, était ce jour-là doux comme un miel. Il n'avait qu'un but, trouver un drapeau blanc. Le drapeau blanc plaisait alors à ce jeune révolutionnaire qui, n'en trouvant pas, noua fort proprement une serviette à un manche à balai, et suivi du maire Poncet et de l'adjoint Poulain, agita son linge sur le pont.

Le feu cessa.

Le préfet et le général partirent par la route d'Herbault, tandis que quelques Prussiens passaient l'eau en bateau pour venir en ville, et que leur corps d'armée revenait en arrière pour traverser la Loire au pont de bateau de Suèvres. Le surlendemain, Blois était définitivement occupé par un petit corps de six ou sept cents hommes, qu'il fallut nourrir, loger et payer, au moyen de contributions.

Le préfet Lecanu, qui avait fui précipitamment, abandonnant dans sa préfecture plus de cent cinquante mille francs de vêtements et d'équipement, se déclara furieux de la reddition de Blois, et mit tous ses soins à affamer la ville en interdisant l'envoi des provisions de bouche de l'arrondissement de Romorantin, où il s'était retiré. Le commandant de place prussien, M. de Krapach, homme très doux, très conciliant, ne fit pas sentir trop cruellement à la ville les conséquences de l'occupation.

Mais le préfet Lecanu ne se tint pas pour battu. Le 26 janvier, il envoyait de Romorantin une petite colonne de troupes de six ou sept cents hommes, avec deux canons et une mitrailleuse. La garnison prussienne marcha à sa rencontre. On se battit le 27 à Cellette, et le 28 au matin, dans le Val. Les Prussiens plièrent et rentrèrent dans Blois, essayant de démolir et de brûler l'arche en bois qu'ils avaient construite pour pouvoir se servir du pont cassé. Mais ils n'y parvinrent pas, et la troupe française parut dans le faubourg.

On recommença des deux côtés du fleuve la petite bataille du 10 décembre. Les Français se mirent à leur tour à bombarder, ne s'aventurant pas sur le pont qu'ils croyaient miné, et les Prussiens ripostèrent comme ils purent, tremblant de voir les Français passer le pont.

La nouvelle de l'armistice mit fin aux alarmes des habitants de la ville, qui se voyaient à la fois bousculés par les Prussiens et bombardés par les Français.

Les Français furent obligés de se retirer au delà des limites du Loir-et-Cher, et d'abandonner Romorantin, où les Prussiens n'entrèrent pas, du reste, la ville se trouvant dans la zone neutralisée par la convention.

Blois, qui jusqu'alors n'avait pas beaucoup souffert, fut écrasé de contributions, de réquisitions et d'occupations. Les Prussiens qui, à tout événement, se massaient sur le Loir, firent de la ville un centre de ravitaillement. Toutefois le château, le beau château historique dont la restauration fait tant d'honneur à notre époque, fut absolument préservé, grâce à l'intelligent dévouement de deux Blaisois qui y organisèrent une vaste ambulance, MM. de la Morandière, architecte, et Croulebois, pharmacien. La salle des Etats, après tant de fortunes diverses, devint un dortoir pour quatre-vingt-dix blessés. Le bâtiment de Gaston en logea jusqu'à huit cents, et la fameuse chambre où mourut le Balafré devint la retraite où veillaient les aumôniers. Quant à l'observatoire de Catherine, il reçut une destination appropriée à son origine. On y faisait les autopsies !

De même qu'au Mans, j'ai raconté, sinon dans ses détails, du moins dans son ensemble, la campagne du Perche, qui, malgré sa fâcheuse issue, a consacré la réputation d'habileté du général Chanzy, je dois à Blois, ville principale de la région qui s'étend d'Orléans au Mans, donner un aperçu de la fameuse retraite qui a permis à M. Gambetta de télégraphier à M. Trochu que le général Chanzy était le véritable homme de guerre révélé par les événements.

On sait qu'après la brillante campagne inaugurée par la prise d'Orléans et la bataille de Coulmier, le général d'Aurelle de Paladines fut obligé de se replier, et que les deux parties de son armée formèrent les deux grands corps de Chanzy et de Bourbaki.

Les 4, 5 et 6 décembre, Chanzy livra, aux environs de Beaugency, des combats véritablement héroïques, qui prendront dans l'histoire le nom de bataille de Josnes, et que j'essayerai de raconter après une visite consciencieuse des localités. Ces combats n'avaient pas pour but un retour offensif, mais seulement devaient permettre au général d'opérer vers l'Ouest une retraite qui donnât le temps aux troupes des camps d'instruction, et notamment de celui de Conlie, de se joindre à lui pour une action décisive. La bataille du Mans devait être le dénoûment heureux de cette vaste conception. On sait par suite de quelle fatalité elle s'est changée en désastre irréparable.

Josnes, Vendôme, Saint-Calais furent les trois grandes étapes de cette retraite. Saint-Calais ne fut qu'une station de rassemblement de troupes et de ravitaillement. C'est à Saint-Calais que Chanzy organisa la ligne de défense du Perche, où il engageait une faible portion de ses troupes, chargée de garder des positions déjà connues. A Vendôme, il y eut bataille les 15 et les 16 décembre.

Vendôme est situé au centre d'un carrefour de vallées, dans un fond, par conséquent. En avant de la ville, Chanzy avait pris position, le 15 au matin, sur les hauteurs qui la dominent et commandent les routes de Saint-Amand et d'Ourcques, où l'on s'était battu la veille. Son artillerie fit un mal énorme aux Prussiens qui ne purent que faiblement riposter, et tandis qu'elle les tenait à distance, l'infanterie reposée prenait la route de Saint-Calais. Le 16, au matin, Chanzy enlevait son artillerie, lui faisait traverser la ville, coupait derrière elle le pont du Loir et continuait sa marche sur le Mans. A dix heures du matin, les Prussiens entraient dans Vendôme, ne trouvant à faire pour toute prise que la capture de deux bons gendarmes qui s'étaient attardés dans un café et qui gémissaient sur la destruction du pont qui les clouait au rivage. L'ennemi songea bien à semer ses obus sur la route de Saint-Calais, mais ils firent peu de mal à nos troupes déjà hors de portée.

Dès lors, Vendôme subit l'occupation sur une assez grande échelle. Comme la veille, les obus égarés pleuvaient sur les maisons, beaucoup d'habitants avaient déménagé précipitamment. Les Prussiens les remplacèrent aussitôt et parurent renoncer à la poursuite de Chanzy, pour laquelle ils attendaient de nouveaux renforts. Toutefois, cette quiétude fut troublée à la fin de décembre, par l'arrivée absolument inattendue d'un petit corps d'armée français venant d'Azay, par Villiers. Les Prussiens marchèrent triomphalement à sa rencontre et revinrent précipitamment.

En un instant, Vendôme fut la proie des emballeurs qui préparaient le départ, car lorsque l'heure de la retraite sonne, les Allemands n'oublient jamais d'emporter leurs bibelots, ni ceux des gens qui les logent. Ce fut, du reste, une fausse alerte, et la ville reprit bientôt sa physionomie tranquille.

Le chemin de fer m'emporte de Blois à Beaugency. Avant d'atteindre cette dernière station, le train s'arrête, puis recule, et finalement se gare. Nous nous demandons pourquoi.

C'est qu'un train allemand étant signalé dans le même sens que le nôtre, le chef de gare prussien de Beaugency trouve naturel que le train allemand passe avant le train français. Je descends sur la voie pour constater le fait, tant il me semble étrange, et arrivé pédestrement à la station, j'apprends que le chef de gare a dans le train un cousin-germain qu'il n'a pas vu depuis trois semaines, et qu'il est très pressé de causer avec lui de la patrie absente. C'est pour de graves motifs de ce genre que, la paix faite, les Allemands, toujours maîtres absolus de nos chemins de fer, font marcher nos trains à contre-voie, au risque d'amener d'épouvantables catastrophes !

La conversation dure un quart d'heure environ, après quoi les deux cousins s'embrassent, et le train allemand part pour Orléans.

— Monsieur, je vous permets maintenant de faire avancer votre train, dit le chef allemand au chef français...

Heureusement encore que ce fonctionnaire fantaisiste n'exige pas de remercîments !

XVIII

La bataille de Josnes.

10 mars.

« N'oubliez pas que vous êtes les soldats de Josnes ! » disait le général Chanzy à son armée, la veille de la bataille du Mans. Assurément, et quoi qu'on ait peu nommé ce village dans les rapports officiels, le général Chanzy ne pouvait avoir évoqué aussi solennellement ce souvenir sans de sérieuses raisons. J'ai donc cru devoir faire des recherches patientes, interroger presque un à un les habitants de l'immense plaine dont Josnes est le centre, et je suis arrivé ainsi à reconstituer, avec ces témoignages et avec les traces nombreuses que le sol garde encore, murs écroulés, fosses béantes, amoncellement de cadavres, débris de toutes sortes, cette grande bataille de sept jours, la plus terrible de cette guerre.

Orléans étant repris par les Prussiens dans la nuit du 4 au 5 décembre, la plus grande partie de l'armée de la Loire ne put traverser le fleuve, et dans un désordre complet, inonda littéralement de ses bataillons, de ses escadrons, de ses batteries et de ses fragments de convois l'immense plaine qui domine la vallée de la Loire, entre la route de Paris à Orléans et celle de Beaugency à Châteaudun.

Au jour, le 5 décembre, la déroute s'arrêta. Chanzy occupait les villages de Poisly, de Cravant et de Villorceau. Il groupa les fuyards sur ces trois points, réorganisa l'armée, les convois, les états-majors; improvisa avec une rapidité merveilleuse tout un système nouveau, et, — chose inouïe dans les fastes de la guerre, — se trouva, en quelques heures, chef d'une armée réelle, comptant un effectif utile de plus de cent cinquante mille combattants.

On n'avait, il est vrai, ni fours de campagne, ni troupeaux, ni paille de couchage, mais on avait du biscuit, du lard, du vin ! Le sol glacé était ferme sous les pas des hommes et des chevaux, sous le poids des canons et des fourgons. Cette armée en déroute écouta la voix des chefs, qui lui disait que le salut était dans la bataille, que la mort était dans la fuite, sur cette terre froide où toute ressource manquait.

Les Prussiens étaient partout. Leur cercle immense comprenait Ouzouer-le-Marché, Charzonville, Coulmiers, Huisseau et Meung. On voyait au loin, dans la vaste plaine, à l'horizon infini, se mouvoir leurs masses sombres. On savait les ponts rompus, les routes coupées, les villages déserts et ravagés. Tous ces périls de la déroute, le soldat les avait compris, et il obéissait.

Aussi, dès le 6 décembre, des petits corps, rapidement formés, poussèrent-ils des reconnaissances jusque vers Baccon. Les Prussiens furent fort surpris de cette offensive.

Ils ne savaient pas quelle pouvait être cette armée nouvelle qui s'avançait à leur rencontre, et avec laquelle il leur fallait compter. Le lendemain, mercredi 7, les deux ailes de l'armée de Chanzy se mirent en marche et chassèrent les Prussiens jusqu'à Meung et Ouzouer, tandis que notre artillerie s'établissait solidement sur un bon terrain, au devant de Poisly et de Villorceau, et que le commandant en chef installait son quartier général dans le bourg de Josnes, centre de l'action.

Certes, ce n'était pas un brillant quartier général, que celui-là !

Chanzy envoyait le soir demander au curé du village un peu de café noir pour vaincre le sommeil. Le télégraphe manquait à ce point de luminaire, qu'il lui fallait prendre pour s'éclairer les cierges de l'église. Les échalas des vignes avaient été brûlés dès la première nuit. La terre était trop dure pour qu'on y pût enfoncer les piquets des tentes !... Et l'on avait devant soi une armée innombrable, victorieuse depuis plusieurs mois, munie de tout, l'armée de Frédéric-Charles, accouru lui-même d'Orléans à cette nouvelle inattendue que l'armée française s'était reformée.

Le jeudi 8, vers sept heures et demie du

matin, les véritables lignes prussiennes apparurent, et se couvrirent aussitôt de feux. C'étaient des masses profondes d'infanterie et de cavalerie. Chaque mouvement de terrain, chaque maison isolée, était occupé par une batterie de gros canons.

Le choc fut terrible. Les trois villages de Cravant, Poisly et Villorceau furent nos trois citadelles improvisées. De là partaient nos petites colonnes, emportant avec elles les pièces de campagne de 4, légères, faibles sans doute, mais d'un maniement facile, et qui démontaient les lourds canons prussiens!

Cravant, sentinelle avancée, était hérissé de mitrailleuses. Tous les points intermédiaires se garnissaient d'hommes et d'armes. Jusqu'à cinq heures et demie, nuit close, le feu ne cessa pas. Les Prussiens perdaient visiblement du terrain, ou cherchaient à se couvrir, à s'abriter. Non-seulement nous gardions toutes nos positions, mais nous avancions sur la gauche, et nous chassions de Cosnières, où nous nous installions, l'avant-garde de la droite ennemie.

C'était ce qu'on pourrait appeler un succès fatal.

Les deux points extrêmes de notre ligne, Poisly et Villorceau, étaient perpendiculaires à la Loire. Si nous avions prolongé nos défenses jusqu'à Beaugency, nous barrions absolument le chemin à l'ennemi qui ne pouvait nous tourner, car il avait fait sauter lui-même les ponts! Aucune surprise donc n'eût été possible, et le lendemain nous pouvions prendre une offensive brillante.

Mais au lieu de surveiller notre droite, nous faisions tous nos efforts pour couvrir à notre extrême gauche la forêt de Marchenoir, qui n'était point menacée!... On avait tant dit que les Prussiens cherchaient toujours à se jeter dans les forêts!

Aussi, dès le matin du 9 décembre, des masses prussiennes débouchant de Beaugency enveloppent notre droite à Villorceau. Nous gagnons toujours du terrain à gauche et nous ne nous apercevons pas de ce déplacement de nos forces. Notre grande ligne droite est devenue une ligne courbe. Elle n'est pas moins étendue, mais elle cesse d'avoir une valeur stratégique.

Les chefs le comprennent trop tard. Les ordres sont mal donnés. Les ambulances sont reculées vers Talcy, ainsi que les convois. Les blessés arrivent portés à bras dans Josnes, où il n'y a ni médecin ni pharmacien. On les étale sur de la paille, dans l'église, dans les rues. Les villageois lavent les plaies avec de l'eau fraîche, de

la glace. La démoralisation commence. On abandonne Cravant et la gauche se replie sur Ourcelles, tandis que la droite ne tient plus que Villejouan. Quelques obus arrivent déjà dans le quartier général.

On peut encore pourtant couvrir Josnes et relever les cœurs indécis en gardant le quartier général dans le bourg. Pour cela il faut reprendre Origny aux Prussiens. Samedi 10, à trois heures du matin, l'héroïque commandant Fouillade, des mobiles du Lot, s'élance dans le hameau à la tête de ses jeunes gens. On se bat à l'arme blanche, homme contre homme. Les mobiles sont décimés, leur chef est tué; ils tiennent bon. Au jour, les Prussiens se retirent dans leurs lignes, qui sont les nôtres de l'avant-veille. Toute la journée le feu dure, sans une minute de trêve.

Le soir, nous occupons tous les hameaux situés entre Josnes et Beaugency. Nous avons compris, enfin, la ruse de l'ennemi, qui nous a fait croire à une marche vers la forêt quand il avance par la vallée de la Loire. Aussi, c'est à la Loire que nous faisons face le dimanche matin.

Mais il est trop tard. Ce n'est plus à Beaugency, c'est à Mer que sont les Prussiens. Il semble qu'on les voit sortir du sol par la vallée des Buis. Chanzy lance dans cette vallée quelques régiments éprouvés, avec la mission d'occuper l'ennemi, d'arrêter le plus longtemps possible le mouvement tournant qu'on ne peut plus empêcher, tandis que les canons, que le matériel, que le gros de l'armée, opère sa retraite par les Roches et le Plessis-l'Echelle, se dirigeant sur Marchenoir.

Il est neuf heures du matin, et la bataille de Josnes est perdue! Mais, il ne nous manque ni un canon, ni un fourgon, ni un chariot. C'est la retraite qui s'opère, retraite admirablement ordonnée. L'ennemi ne tirera aucun profit de sa victoire, et nous aurons le temps, après la halte de Vendôme, de sauver encore tout notre matériel qui, huit jours plus tard, entrait intact au Mans.

Si Chanzy commit la faute grave de se laisser envelopper, comme on l'a vu, du moins sut-il sauver tout ce qui pouvait être sauvé. Je crois qu'il était au moins léger de récompenser cette mesure de prudence, cette attention d'homme soigneux, par le titre de grand homme de guerre, décerné officiellement par M. Gambetta au général Chanzy. M. Gambetta nommait un général grand homme comme il nommait un avocat préfet. Mais cette bataille de Josnes méritait d'être dégagée du fouillis des dépêches emphatiques du ministre, et son récit, quelque incomplet que j'ai pu le faire, explique suffisamment la haute considération que les généraux prussiens ont pour le général Chanzy, et la crainte qu'il leur a souvent inspirée.

Jugez du reste de l'importance de la bataille par le chiffre des pertes.

Nous avons eu, dans la plaine de Josnes, trois mille morts, et quatre mille blessés, qui sont morts de leurs blessures du manque de soins ou du froid. Quatre autre mille blessés ont pu être recueillis dans les ambulances.

Les Prussiens ont eu cinq mille hommes tués sur le coup, trois mille blessés morts des suites de leurs blessures, du manque de soin ou du froid, et plus de six mille blessés recueillis dans les ambulances.

La bataille de Josnes a donc coûté à l'humanité le chiffre énorme de quinze mille morts et dix mille blessés !

Il n'y a été fait, des deux côtés, que quelques centaines de prisonniers.

Si le nombre des tués prussiens est plus considérable que celui des tués français, cela s'explique par ce détail que nos balles seules les atteignaient sérieusement, tandis que nous n'étions guère touchés que par leurs éclats d'obus. Aussi, les gens des villages, témoins forcés de cette terrible lutte, ne s'y trompaient pas. Quand ils entendaient la fusillade bien nourrie, bien soutenue, ils s'écriaient : « Les Français sont vainqueurs !..... » mais quand, au contraire, le bruit du canon dominait l'immense tumulte, ils disaient aussi sûrement : « Les Prussiens ont le dessus ! »

La vallée des Buis est, de tout ce champ de bataille, l'endroit où sont tombés les plus nombreuses victimes. Vingt chariots n'ont cessé, pendant trois jours, d'y être chargés de cadavres, qu'ils conduisaient à la Loire. Français et Prussiens, étaient pêle-mêle jetés dans le fleuve....

D'autres furent enterrés dans les champs, et le sillon a déjà effacé la trace de leurs sépultures. D'autres furent oubliés dans les légers replis du terrain, et de temps en temps, le paysan qui revient sur le théâtre de cette terrible lutte emporte pieusement les débris humains dans le cimetière de son village.

XIX

De Josnes à Orléans.

12 mars.

Josnes n'est pas un village ordinaire; il a tout ce qu'il faut pour être une étape de l'histoire. C'est un gros bourg, dont la circonscription communale comprend tous les hameaux que j'ai nommés dans mon récit de la bataille. Son clocher s'aperçoit de cinq lieues à la ronde, clocher monumental d'une église modèle, édifice magnifique, je dirai presque basilique, construit de notre temps dans le plus pur roman par M. de Lamorandière, l'architecte du château de Blois.

Après la victoire, payée par sept jours de lutte, les Prussiens occupèrent Josnes. Ils en opérèrent le pillage en règle, ne s'arrêtant pas même à la porte du presbytère, bien que le curé, M. l'abbé Grelat. ait ouvert l'église aux blessés des deux nations. Ils pénétrèrent, du reste, dans l'église, mais le curé, qui les connaissait bien, n'avait laissé dans le tabernacle que des vases sans valeur. Ces braves Allemands ne consommèrent pas le sacrilége.

Au presbytère ils trouvèrent une lourde caisse laissée par un médecin. Ils en firent sauter le couvercle. Elle contenait des armes. Le curé fut fait prisonnier. Heureusement pour lui que le ministre protestant de Josnes attesta sa bonne foi.

Les Prussiens restèrent là deux ou trois jours, laissant le temps à Chanzy de se poster à Vendôme. Ils défoncèrent tous les tonneaux et abattirent tous les bestiaux. Chevaux et voitures, tout leur parut bon. Le village perdit plus de deux cent mille francs !

En avant de Josnes se trouve Cravant, autre bourg qui fut des premiers aux mains des Prussiens. Au moment où ils y entraient le feu allumé par les obus consumait quelques fermes. J'y ai vu des enfants qui jouaient au palet avec des culots d'obus. Pauvres enfants !... Ils racontent leurs journées de terreur, passée dans la cave, tandis que la bataille enveloppait le village de bruit et de fumée. Ils ont vu, quand l'infernal vacarme a cessé, des mares de sang au coin de chaque maison. Cela les a fait pleurer. Mais il leur est resté des palets bien ronds, et cette réalité les a disposés à oublier le mauvais rêve.

Beaugency est la ville sombre, cachée dans un replis de la vallée de la Loire, par où les Prussiens ont accompli ce mouvement tournant qui nous a été fatal. Ils glissaient plutôt qu'ils ne marchaient dans les rues, gardant les issues avec soin, et ils avaient, à la faveur du bruit qui remplissait la contrée, coupé la travée en fil de fer du pont de la Loire, et une arche du viaduc du chemin de fer, sans que les Français de la haute plaine aient entendu les explosions des mines. De cette façon ils ne craignaient aucune surprise.

Quand ils eurent la victoire, ils revinrent à Beaugency. Comme il y a plusieurs édifices très élevés, ils envoyèrent quel-

ques obus, pour essayer leur adresse !...
Mais ils manquèrent le but et ne tuèrent
qu'un habitant.

Bien que la ville ne leur ait opposé aucune résistance, ils demandèrent deux
cent cinquante mille francs. Le maire re-
garda bien en face le commandant prussien.

— Avez-vous songé, monsieur, lui dit-il,
que votre armée est maintenant en marche sur Vendôme, et qu'il ne vous reste
ici que trois cent cinquante hommes ?

— Eh bien ! monsieur le maire !

— Eh bien ! monsieur le commandant,
vous vous contenterez de trente-cinq mille
francs, ce qui fait cent francs par homme.
Et je vous engage vivement à accepter, si
vous ne voulez pas être tous dans la Loire
avant une heure.

Le commandant signa aussitôt la convention.

Je suis les bords de la Loire pour me
rendre à Orléans. Il y a des Prussiens
partout, malgré la paix. Château ou chaumière, tout leur est bon.

Aux Vallées, près de Meung, ils ont
brûlé un vaste et beau château, par erreur. On leur avait dit que des francs-tireurs s'y étaient réfugiés. Ils fouillèrent le
château et le parc dans tous les sens sans
trouver aucune trace.

— C'est au moins douteux, dit le commandant. Aussi ne brûlerons-nous que le
château. Nous *sauverons* les meubles.

Inutile de dire que les meubles ainsi
sauvés sont aujourd'hui en Allemagne.

Le pont de Meung a été coupé par les
Français, lui, de façon à empêcher les
Prussiens d'aller ravager la Sologne. Ne
dirait-on pas vraiment que Français et
Prussiens s'entendaient pour faire chacun la moitié de cette œuvre de destruction *inutile*.

Jugez, du reste, de son inutilité. Le
pont venait à peine de sauter que les
Prussiens installaient deux batteries et
son extrémité, du côté de la Sologne, à
bombardaient légèrement la ville, tandis
que les gendarmes, avec une batterie placée au-dessus de Meung, bombardaient
les Prussiens et aussi un peu la ville, qui
recevait tous les obus mal dirigés. Cela
dura une journée entière, le 4 décembre,
puis, vers le soir, les Prussiens opérèrent
un mouvement tournant et enveloppèrent
les gendarmes, qui parvinrent pourtant
la plupart à s'échapper du côté de Beaugency.

On pilla doucement Meung. On ne demanda à la ville que dix mille francs de
contributions. Enfin on fut fort aimable.
Seulement, comme il faut toujours que
les Prussiens marquent leur passage par
une infamie, ils détruisirent absolument
la maison du gardien du pont, brûlèrent
ses meubles, ses vêtements, son linge !...
pour le punir d'avoir perdu son gagne-
pain, par suite de la rupture du pont.

Les habitants de Meung ont réparé le
mal en fournissant au pauvre gardien
les moyens de s'établir passeur.

De Meung à Saint-Ay et la Chapelle,
les Prussiens eurent l'idée folle de contraindre les habitants à abattre les arbres
de la route — une avenue magnifique —
pour leur faire du feu.

La Chapelle est le Saint-Cloud d'Orléans. C'est le plus ravissant des buts de
promenade. Les Prussiens de la garnison
d'Orléans l'ont compris et ont organisé
des petites parties du dimanche des plus
divertissantes.

Ils partaient de la ville avec armes et
bagages, commandaient chez le pêcheur
une bonne friture et choisissaient une des
jolies maisons du coteau. Là ils s'installaient pour briser les glaces, hacher les
meubles, brûler les vêtements et scier les
arbres. On ne peut se faire une idée de
l'état dans lequel ils ont mis la plupart
des maisons de campagne ! Et lorsqu'on
adresse aux occupants des reproches sur
leur conduite, ils s'empressent de dire, —
ce qui est vrai : — Le soldat allemand ne
sait qu'obéir. C'était l'ordre de nos officiers !...

Orléans a une physionomie des plus
étranges. Au silence ordinaire a succédé
une animation prodigieuse. Les Prussiens
ont là un grand état-major. Il ont fait
aussi de la ville le quartier général des
convoyeurs. Les hôtels sont pleins, les
auberges absolument encombrées. Dans la
rue Bannier, le malheureux voyageur
français qui ose frapper à la porte d'un
hôtel est reçu de la façon la plus grossière par les hôteliers qui vendent aux
Prussiens leur champagne de Saumur et
de Vouvray à des prix fabuleux. On re-
prend là, en détail, à nos ennemis, ce
qu'ailleurs ils ont pris en gros. Je signale
ce fait, parce qu'il faut tout dire.

— Ah ! les coquins, me dit un auber-
giste ! Ils nous ont bien assez volés !

— Soit ! Mais c'est aux autres qu'ils ont
pris ! et c'est vous qui leur prenez ! Parta-
gerez-vous avec les malheureux pillés le
produit de votre pillage ?... Et si vous
leur donnez de la piquette pour du champagne, en faites-vous le décompte, quand
c'est la municipalité qui paye la note ?

On ne se doute pas de la somme de colère que certains industriels ont amassés
sur leurs têtes dans une foule de localités,
où ils ont été plus Prussiens que les Prussiens

Avant de raconter le grand drame militaire dont Aurelle de Paladines a été

le héros, je dois payer une véritable dette de la patrie.

Parmi les préfets fantastiques dont le gouvernement de la défense nationale a gratifié la France, ils s'est trouvé quelques rares hommes de cœur et d'énergie qui ont fait consciencieusement leur devoir. Au premier rang de ces hommes, il faut placer le préfet du Loiret, M. Pereira.

Ferme et digne pendant la première occupation prussienne d'Orléans, auxilliaire dévoué de la défense pendant les opérations du général d'Aurelle, M. Pereira était littéralement épuisé par la fatigue quand les Prussiens firent dans la ville leur seconde entrée.

Ils le chassèrent de la préfecture. Hors d'état de marcher, M. Pereira se fit porter chez lui et prit le lit.

Frédéric-Charles, craignant que le préfet n'eût quelques relations avec le dehors, le fit prisonnier dans sa maison. Il ordonna même qu'un factionnaire restât nuit et jour dans la chambre du malade.

M. Pereira mourut bientôt, soigné par sa fille avec un dévouement angélique.

La mort même n'eut pas grâce. Tandis que la sainte et digne femme priait, à genoux devant le lit funèbre, un grossier soldat allemand, son fusil sur l'épaule, se promenait dans la chambre...

Il vint allumer sa pipe au cierge qui brûlait près du chevet.

— De quoi se plaignent donc les gens d'Orléans? — dit à ce sujet Frédéric-Charles — j'ai fait rendre à leur préfet mort les honneurs militaires!

XX

Les batailles ignorées.

14 mars.

Je dois, avant d'aller plus loin dans le récit de mon voyage, expliquer ma façon de procéder quant aux batailles proprement dites. Je ne me fais aucune illusion sur la valeur de mes récits. Ils sont sincères, et voilà tout. Mais je rencontre en chemin les traces de deux sortes d'événements : ceux que l'on connaît et ceux que l'on ne connaît pas.

Dès qu'un événement est connu, je ne le présente que très brièvement. Je marque l'étape, uniquement pour dire à mon lecteur : « Ce que le pigeon nous a apporté à Paris, et que le télégraphe a répandu sur la France était vrai. »

Mais je m'étends plus complaisamment sur les faits de guerre inconnus pour réparer les oublis de nos gouvernants, ou pour rectifier certaines opinions erronées.

On a peut-être remarqué que je me suis étendu davantage sur les combats de la Fourche que sur la bataille du Mans.

Je consacrerai de même une plus large place aux combats d'Orléans qu'à la bataille de Coulmiers. C'est que je m'occupe moins de l'importance historique des événements que de l'utilité qu'il y a pour mon lecteur à apprendre ce que les circonstances nous ont forcé d'ignorer au moment même où ces événements avaient lieu.

Depuis deux jours, je parcours les environs d'Orléans. Il n'est pas ici de bourgade qui n'ait été le théâtre d'un ou plusieurs combats. On a disputé bravement à l'ennemi la possession de la ville, qu'il n'a enlevée que de vive force. On la lui a reprise à la suite d'une grande bataille. On l'a conservée au prix de petits combats nombreux et glorieux. Enfin il l'a reprise de nouveau à la suite d'une bataille plus terrible encore que la première.

Voilà quatre périodes bien distinctes d'une histoire que je vais résumer aussi brièvement que possible, disputant à l'injustice des notes aussi bien qu'à la vantardise de l'ennemi ce qui revient de gloire à nos braves soldats, dans cette laborieuse campagne d'Orléans.

Jusqu'au 6 octobre, les Prussiens n'étaient pas allés, au sud de Paris, plus loin que Palaiseau, Lonjumeau et Ballainvilliers. Ils ne croyaient guère à la formation de l'armée de la Loire, sous le commandement du général de la Motte-Rouge, et assurément ils ne supposaient pas que son organisation serait aussi prompte.

Ils furent fort étonnés, quand le 7 ils occupèrent Etampes, d'apprendre que nos grand's-gardes étaient installées à Angerville, c'est-à-dire à moins de quinze lieues de Paris. Les Parisiens, du reste, en eussent été bien plus étonnés encore.

D'autres petites colonnes françaises, formées à Pithiviers, s'étaient avancées jusqu'à Malesherbes. La marche de l'ennemi vers le sud les détermine à se masser sur la route de Paris, et le 8 octobre on se battit très sérieusement à Janville, à Toury et à Teillay. Français et Prussiens se replièrent après ce premier choc, les premiers jusqu'à Arthenay, où des positions d'artillerie permettaient d'attendre l'ennemi de pied ferme; les seconds jusqu'à Saint-Péravy et Oinville, en attendant l'arrivée de l'armée de Von der Thann.

C'est le 10 octobre seulement qu'eut lieu la première grande bataille, la bataille d'Arthenay.

Dès huit heures du matin, les deux armées se rencontrèrent. Notre artillerie, placée au château d'Auvilliers, foudroyait la première division bavaroise sur la route, en avant d'Arthenay, et lui faisait éprouver des pertes véritablement effroyables. Mais les renforts arrivèrent. La petite ville fut littéralement prise d'assaut, et tandis qu'on se battait dans les rues, qu'on luttait presque corps à corps avec une égale furie, le canon, obligé au silence, se repliait sur les positions de Chevilly, prêt à soutenir la retraite, si elle était jugée nécessaire.

Vers deux heures de l'après-midi, la position n'était plus tenable pour nous. Nos lignes furent reportées à Chevilly, sur la lisière de la forêt d'Orléans, tandis que l'ennemi débordait de tous côtés, venant par Sougy, Creuzy et Bucy-le-Roi, petits villages où nos jeunes troupes n'auraient pu rester longtemps exposées à une véritable grêle d'obus, qui, tombant sur des murs, éclataient toujours et causaient dans nos rangs de grands ravages. Cette retraite toutefois, se fit en très bon ordre. Un seul canon, tombé dans un fossé par suite de la rupture de l'avant-train d'un affût, resta sur le terrain cédé à l'ennemi.

Mais tandis qu'agissant sur le terrain désormais libre devant elle, notre artillerie empêchait l'ennemi d'approcher de Chevilly, notre infanterie se mettait en ligne sur la lisière de la forêt, et ouvrait contre les assaillants un feu terrible.

La nuit vint. Les Allemands rentrèrent dans Arthenay ou s'abritèrent derrière les villages. Ils laissaient douze cents hommes sur le terrain, où nous-mêmes avions près de huit cents morts. Ils avaient engagé vingt mille hommes de leurs vieilles troupes, et nous n'avions à Chevilly que quinze mille jeunes soldats.

La lutte, bien qu'inégale, pouvait être reprise avec succès. La journée n'était pas décisive, mais elle était assurément glorieuse pour cette petite armée, qui faisait devant un ennemi supérieur en nombre sa première manœuvre militaire!

Le lendemain matin, 11 octobre, nos grand's-gardes se portèrent en avant de Chevilly, au hameau de la Croix-Briquet, et supportèrent vaillamment le choc de l'ennemi, tandis que les obus pleuvaient sur le hameau. De la Croix-Briquet à Orléans, des retranchements coupaient la plaine, permettant à nos troupes de se reformer chaque fois qu'un mouvement en arrière était nécessaire. On se reporta sur Cercottes d'abord, puis on s'abrita derrière les batteries de la Montjoie.

Tandis qu'on disputait le terrain à l'ennemi, c'est par une autre route que s'avançaient les véritables renforts de Von Thann.

C'est de Patay qu'ils partaient, se déployant entre Ormes et Ingré. Notre petite armée allait être enveloppée et prise comme d'un coup de filet. Elle se jeta dans la forêt, et, jusqu'à onze heures, défendit pied à pied la route de Paris, de Cercottes au faubourg de Notre-Dame-des-Aydes.

Alors, tandis que d'héroïques régiments, le 39e de ligne, les mobiles de la Nièvre, le 9e chasseurs à pied, quelques turcos et la légion étrangère, du capitaine Podestat, défendaient le faubourg contre la droite de Von der Thann, tandis que la gauche du général bavarois poursuivait, sur la ligne du chemin de fer du centre, nos troupes en proie à une panique justifiée, mais emportant avec elles leurs soixante canons pour couvrir leur retraite sur la rive gauche de la Loire, l'ennemi envoyait dans Orléans, sur le faubourg Bannier et jusque dans le cœur de la ville, près de deux cents obus!

Guerre des rues et bombardement, tout était combiné. Les artilleurs prussiens, placés sur une hauteur entre le village de Saran et le faubourg des Aydes, semblaient prendre pour point de mire, la basilique de Sainte-Croix, mais heureusement ne l'atteignaient pas, tandis que nos braves turcos, courant dans les vignes comme des tigres, les fusillaient sur leurs pièces et étaient fusillés à leur tour.

Les régiments que j'ai cités s'embusquaient dans le long faubourg, qui a bien deux kilomètres d'étendue, à tous les coins de rue et dans toutes les maisons! C'était une lutte terrible où, quand les cartouches manquaient, les meubles servaient de projectiles! où, quand les maisons étaient prises d'assaut par l'ennemi, l'incendie s'allumait, auxiliaire infâme dont les Bavarois ne savent jamais se passer.

Cette guerre des rues dura de deux heures à sept heures du soir. Elle se termina à la place du Martroi seulement, quand la gauche de Von der Thann, arrêtant sa poursuite à la Loire, s'élança par la longue rue de Bourgogne jusque dans le centre d'Orléans. Ce qui restait de soldats dans la ville fut enveloppé et pris, et le pillage commença pour ne cesser que le lendemain matin.

Le conseil municipal au complet, réuni à l'Hôtel de ville, attendait avec calme et dignité l'heure suprême. Bien que les gardes nationaux n'eussent pas de cartouches, et ne pussent se défendre, aucune sollicitation ne se produisit, aucune tentative ne fut faite pour arrêter la lutte terrible dont la population se voyait à la fois muette spectatrice et victime. Le colonel prussien qui se présenta au sein du conseil pour annoncer la prise de possession le félicita de son attitude, et le lendemain le général Von der Thann, tout en demandant au maire la somme énorme de quatre millions, lui fit ce compliment :

— Orléans est pris d'assaut. C'est la première ville ouverte de France qui ait osé résister à l'entrée de nos troupes.

Aussi le maire, M. Crespin, profita de cet aveu flatteur pour obtenir que cette contribution fût réduite à un million, couvert aussitôt par un emprunt souscrit par les habitants et payé le 15 octobre.

L'attitude de la ville d'Orléans lui valut sans doute la réserve relative avec laquelle se conduisirent les vainqueurs pendant les jours qui suivirent. Les pillards se rattrapèrent, en revanche, dans la campagne, qu'ils mettaient absolument à sac.

A Chevilly, ils voulaient forcer le maire, M. Jules Darblay, à leur remettre quatorze mille francs. M. Darblay résista, on l'emmena à Orléans, où on le retint prisonnier jusqu'à ce qu'il ait fourni une rançon de... trente paires de bottes. Pendant son absence, on pillait chez lui avec un incroyable acharnement.

Le colonel du 9ᵉ régiment d'artillerie du 9ᵉ corps demanda, après le pillage, qu'on lui servît à souper.

— Je n'ai plus rien, lui dit courageusement madame Darblay. Vos soldats m'ont tout volé.

— Et ce fromage ! s'écria le colonel, en montrant triomphalement un morceau de gruyère qu'il venait de trouver dans le garde-manger. Vous êtes une menteuse, madame, et je vais vous punir en brisant pour trente mille francs....

Et, tirant son sabre, le brave colonel se mit à frapper à tour de bras sur les meubles et les porcelaines que ses soldats n'avaient point brisés !

Dans le même Chevilly, un médecin allemand s'empara de tout le matériel chirurgical du docteur Gassot, si bien que pour faire les opérations dans l'ambulance, il fallut qu'on allât chercher un chirurgien de l'armée bavaroise.

La Croix-Briquet, Chevilly, Cercottes, la Montjoie, les Aydes, offrent l'aspect d'autant de petits Châteaudun. Dans ces cinq villages, j'ai compté plus de cent fermes ou maisons incendiées. Les habitants ne prenaient pourtant d'autre part à la lutte que de recueillir les blessés des deux nations !

Beaucoup furent faits prisonniers. On enlevait généralement tous les jeunes gens qui mettaient leurs pantalons dans leurs bottes, ce qui n'était pas rare par ce temps pluvieux.

— Qui nous dit que ce ne sont pas des francs-tireurs ? disait un officier bavarois à un notable de Cercottes.

— Et, sur un soupçon, vous les emmenez !...

— Sans doute. Si nous avions une certitude, nous les fusillerions !

La seconde journée de ces combats fut aussi meurtrière que la première. Au lieu d'enterrer leurs morts, les Bavarois les étendirent le soir sur la terre, puis les couvrirent de branchages de sapin et y mirent le feu.

Quand l'odeur nauséabonde des premiers instants fut dissipée, on trouva, sur le terrain de l'hécatombe une sorte de mâchefer verdâtre, léger et poreux. C'est tout ce qui restait des victimes du combat. Les chefs furent enterrés, par exception, dans des jardins de maisons bourgeoises, au milieu des pelouses !

XXI

Coulmiers

« J'ai livré bataille aux Prussiens, sous
» les murs d'Orléans, la bataille de Coul-
» miers, qui a été disputée avec acharne-
» ment. Je suis maître d'Orléans. L'enne-
» mi est en retraite sur Paris. »

C'est en ces termes que le vainqueur de Coulmiers rendait compte, par voie télégraphique, à madame d'Aurelles de Paladines, à Belley, de la plus grande bataille de cette triste campagne, de la seule victoire que les Prussiens ne nous aient pas contestée.

Cette bataille, je n'en ferai pas le récit. Les événements se pressent, l'actualité nous entraîne, et quelque soin que j'aie pris de relever sur le terrain, au moyen de témoignages, les péripéties de la grande lutte, je me bornerai à en conter quelques épisodes, à en dire les résultats.

Je tâcherai surtout de bien indiquer le rôle de chacun dans ce grand drame, de signaler les faits qui ont valu à certains hommes de guerre une popularité qui les a conduits pour la plupart sur les bancs de l'Assemblée nationale, et d'expliquer les malentendus qui ont valu à d'autres une réputation assurément imméritée.

C'est le 9 novembre qu'eut lieu la bataille de Coulmiers.

Le général d'Aurelles avait sous ses ordres Jauréguiberry, Martin des Pallières et Chanzy. Ces quatre chefs avaient à se mesurer contre Von der Than, Mecklembourg, le prince Albert et Von Wittich. Ce fut une grande partie d'échecs entre joueurs d'égale force.

Les gens du métier ont beaucoup admiré la victoire de Coulmiers, pour trois raisons :

D'abord, parce que le général d'Aurelles, prévoyant les tentatives de mouvements tournants que ne manquerait pas de faire l'ennemi, avait gardé tous les passages et éclairé avec soin tous les points par où un de ces mouvements pouvait être tenté;

Ensuite, parce que le même général avait ordonné au corps de Chanzy un mouvement à la prussienne sur Gemigny, tournant la position de Coulmiers, lequel mouvement se changea, à la fin de la journée, en une brusque attaque de la réserve ennemie établie à Saint-Sigismond.

Enfin, parce que les Prussiens étaient depuis un mois installés à Orléans, qu'ils considéraient comme leur centre d'opérations, et qu'ils s'empressèrent d'en déloger pour se retirer au delà d'Artenay.

Maintenant, voici quelques épisodes.

La proclamation du général d'Aurelles, le 9 novembre, est d'une extrême simplicité.

De grand matin il ordonne qu'on fasse la soupe, et envoie de tous côtés ses aides de camp dire aux soldats :

— Mangez bien, car nous allons avoir une rude journée?

Ce que les loustics de régiment traduisirent ainsi, en se souvenant du refrain d'une chanson jadis fort populaire :

Mangez-en aujourd'hui, car peut-être,
Ni vous, ni moi, n'en mangerons demain.

Au village de Gémigny, j'ai rencontré un groupe de paysans qui avaient été spectateurs de l'affaire, et qui me la racontaient à leur façon :

— Ah! si vous aviez vu les mobiles, monsieur, me disait un de ces braves gens, on aurait dit de vieux soldats. Moi, ça me faisait pleurer, parce que je pensais à mon fils, qui était mobile aussi à Paris.

— Et nos canons, me disait un autre; à chaque instant ils changeaient de place. Nous les voyions avancer toujours, tirer quelques coups et avancer encore. A un moment, nous avons eu bien peur; ils tiraient sur nous, sur Gémigny, qui était un nid de Prussiens. Il y a une femme qui me criait de descendre dans la cave. Ma foi, je suis resté, au risque d'attraper quelque chose! C'était si bon de voir partir plus vite qu'ils n'étaient venus tous ces Prussiens qui nous avaient tant pillés!

C'est par ici qu'ils passaient pour se sauver du côté de Patay. Des fuyards entraient chez moi pour demander à boire un coup. Plus souvent que je leur en aurais donné! Il fallait bien garder le peu qui nous restait pour les Français...

Sur un autre point, à Huisseau, dix canons sont restés en notre pouvoir. A côté de l'endroit où nous les avons pris, on m'a montré une sorte de monticule avec une petite croix. C'est la tombe des artilleurs bavarois...

Du reste, beaucoup de monticules de ce genre forment de petites ondulations dans la plaine. Deux ou trois mille hommes ont été enterrés ainsi. Les grandes victoires ne sont pas toujours des batailles meurtrières. Par exemple, il est peu de maisons, dans les vingt villages de la plaine, qui n'aient reçu quelque obus.

Le village de Coulmiers a tout particulièrement souffert de notre feu. Les Prussiens s'étaient retranchés dans le parc du château, qui fut enlevé à la baïonnette quand l'artillerie eut fait son office. Nos soldats poursuivaient les Bavarois dans le parc. On arriva au château, dans lequel les Bavarois se réfugièrent...

— Arrêtez! s'écria le curé de Coulmiers en paraissant, le crucifix à la main, sur le perron. C'est ici une ambulance.

Nos soldats enveloppèrent alors le bâtiment, et tous les hommes qui s'y trouvaient, non blessés, furent faits prisonniers. On en mena plus de mille, le lendemain, à Orléans.

Quand Saint-Sigismond, qui a été longtemps un quartier général bavarois, fut pris, un convoi de munitions et deux pièces d'artillerie, qui se trouvaient au hameau voisin, Saint-Peravy, se mirent précipitamment en route vers Patay. Le capitaine de Lambilly eut l'idée de s'en emparer, et, à la tête de cinquante dragons et hussards, chargeant plusieurs milliers de fuyards ennemis qui leur faisaient cortége, au risque d'être enveloppé cent fois, il ramena les trente fourgons et les deux pièces à Gémigny. Il enleva du même coup tous les bagages du général Schumacher, et fit plus de cent cinquante prisonniers qu'il contraignit de s'atteler aux fourgons dont les chevaux avaient péri dans la bagarre.

Le général Barry, qui s'empara de Coulmiers avec le général Peitavin, trouva, sur sa droite dépendant de Baccon, un petit bois entouré d'un fossé large et profond et d'une haie fourrée où les Bavarois s'étaient tenus cois pendant la marche en avant de la colonne sur Coulmiers, et où tout à coup ils se démasquèrent, dès qu'ils ne se virent plus menacés que par le régiment des mobiles de la Dordogne!

Les jeunes soldats s'arrêtèrent, indécis, devant ce danger nouveau que l'imprévu augmentait.

Le général Barry sauta aussitôt à bas de son cheval, et se mit, la canne à la main, à la tête du régiment. Le commandant de Chaloix, des mobiles, et le capitaine d'état-major de Gravillon, sont à ses côtés. Une décharge générale les salue. Le capitaine tombe raide mort à côté de son général. Le premier rang des mobiles est décimé.

— Ce n'est rien que cela, s'écrie le général Barry; allons, mes enfants, venez avec moi...

Et il descend tranquillement dans le fossé, s'aidant de sa canne, monte sur le talus opposé en s'accrochant aux branchages des haies et pénètre dans le bois aussi simplement que s'il s'agissait d'une promenade...

Les mobiles le suivent et se jettent la baïonnette en avant sur les Bavarois embusqués. Les Allemands atteints sont cloués sur le sol. Les autres prennent la fuite, et le jeune régiment du Périgord arrive à Coulmiers, électrisé, pour prendre part à l'attaque du parc...

Quand, revenant de ce champ de bataille, je causai à Orléans de ce que j'avais vu, et que j'exprimai toute mon admiration pour le général d'Aurelles, je fus très surpris de ne pas voir mes auditeurs le considérer comme le successeur en ligne directe de Jeanne d'Arc. La jeunesse a plus de colère contre le général de la seconde occupation prussienne, qu'elle n'a de reconnaissance envers lui, pour l'avoir délivré de la première.

Selon moi, — et selon les militaires, — cela provient de ce que les Orléanais ont toujours ignoré ce qui se passait à Tours, et qu'ils reprochent à M. d'Aurelles, ce qui est le fait de M. Gambetta ou de M. Freyssinet.

Le vainqueur de Coulmiers n'a eu qu'un tort, — toujours selon les militaires, que je crois bons juges du cas, — c'est de ne pas avoir donné bruyamment sa démission au lendemain de Coulmiers, quand M. Gambetta, au lieu de le laisser maître de cette armée qu'il avait si bien conduite, se mit en relation directe avec les chefs de corps, désorganisant ainsi ce que M. d'Aurelles avait eu tant de mal à organiser.

Pour M. Gambetta, le général avait un grand tort, et on le lui avait amèrement reproché à Tours, c'était d'avoir remporté une victoire au cri de « Vive la France ! » cri séditieux selon Pipe-en-Bois. C'est à ce point qu'on resta presque un mois sans publier le rapport officiel sur la bataille, où ce cri était signalé, et qu'on lui substitua une dépêche emphatique où le cri de « Vive la République ! » remplaçait avec avantage l'exclamation évidemment réactionnaire du général d'Aurelles.

Donc, MM. Freyssinet et Gambetta eurent un plan qui leur parut préférable à celui du général qui ne songeait, lui, qu'à marcher sur Paris. Ce plan consistait à faire face à Frédéric-Charles qui s'avançait du côté de l'Ouest, et à couvrir la forêt d'Orléans pour éviter une surprise.

Ce plan, qu'on me permette de le dire, était tout simplement absurde. Il pouvait sembler avoir pour but de protéger efficacement Orléans, mais il facilitait la jonction de tous les corps allemands qui se trouvaient en France, au nord de notre ligne de défense de Chateaudun à Montargis. Il permettait à ces corps, une fois réunis, de forcer cette ligne, trop longue pour être solide, et alors, non-seulement Orléans, mais Bourges et le midi étaient ouverts à l'ennemi.

Mais MM. Gambetta et Freyssinet possédaient un moyen infaillible de contraindre le général d'Aurelles à suivre leur plan et à abandonner le sien. C'était de ne fournir à l'armée de la Loire ni une cartouche ni un morceau de pain. Cette malheureuse armée, disciplinée, pleine d'entrain et fière de son succès, ne recevait de vivres qu'au jour le jour, et pas du tout de munitions. Selon l'expression fantaisiste d'un officier, elle était comme un hanneton qui a un fil à la patte. Le clou qui retenait ce fil, c'était Orléans.

XXII

Beaune-la-Rolande. — Villepion et Patay.

Je vais dire rapidement un mot des nombreux combats qui précédèrent la catastrophe finale.

Comme les diverses parties d'un château de cartes, on va voir tomber une à une toutes les divisions de cette armée, qui un instant fut l'espoir suprême de la France.

Le 25 novembre, à Neuville-aux-Bois, nos troupes eurent l'occasion de jouer de la baïonnette, et, surprises le matin, chassèrent l'ennemi avec la *furia* française.

Le 28 novembre, les Prussiens, voulant s'établir solidement entre Montargis et Pithiviers, occupèrent Beaune-la-Rolande.

Le général Crouzat entreprit de les en déloger. Le village fut attaqué de trois côtés à la fois. Les Prussiens se défendirent très énergiquement derrière leurs créneaux, tandis que leurs canons envoyaient une grêle d'obus sur les assaillants. En même temps, nos soldats enlevalent le village de Bellegarde et le château de Ladon, rejetant toujours sur Beaune les forces ennemies. Le 77e de ligne, dans une heureuse poursuite, pénétra au cœur de la petite ville et obligea l'ennemi à fuir de maison en maison. Seulement, comme, par mesure de précaution, les Prussiens, avant de quitter chaque maison, y mettaient le feu, ensevelissant ainsi, d'une façon cruelle, leurs morts et leurs mourants sous les décombres et les débris embrasés!...

Vers le soir, les Prussiens avaient complétement évacué Beaune, à la lueur d'un immense incendie.

Les mobiles du Loiret et du Cher s'étaient admirablement conduits dans ce combat, où ils défendaient le sol de leurs départements. Les turcos les secondaient à l'attaque de Bellegarde, où ils clouaient sur leurs pièces les artilleurs ennemis. Sur tous les points l'entrain était admirable. L'ennemi laissait sur le terrain mille morts et autant de blessés. On lui faisait, en outre, environ quinze cents prisonniers et on lui enlevait cinq pièces de canon.

Les Turcos étaient dans un tel enthousiasme, qu'ils s'attelèrent, avec succès, à une pièce de canon qu'ils avaient prise et qui s'était embourbée à ce point que trente chevaux n'avaient pu l'entraîner!

Tout un parc de bestiaux et de grands approvisionnements d'avoine furent trouvés à Beaune. Et il était beau de voir les vainqueurs aider les malheureux habitants à éteindre l'incendie, et à sauver de l'asphyxie, ou même d'une mort plus affreuse les blessés prussiens enfermés dans les maisons en flammes.

Dans la même période, les corps des généraux Chanzy et de Sonnis occupaient la route d'Arthenay à Patay, par Sougy.

Le 30 novembre au soir, la nouvelle officielle de la victoire fantastique de Longjumeau ayant été donnée au général d'Aurelles, il résolut de s'avancer sur la route de Paris.

Le 1er décembre, à dix heures, le général Chanzy commanda la marche en avant. A midi, nos troupes se trouvèrent en face de la formidable ligne de défense de l'ennemi. Plus de vingt mille hommes, infanterie et cavalerie, gardaient Gommiers et Terminiers, soutenus par cinquante canons en excellente position. L'amiral Jauréguiberry, à la tête d'une poignée de marins, s'élança de Rouvray sur ce dernier village. Ce n'est pas seulement à la baïonnette, c'est à coups de hache, que ces héroïques soldats abattaient les prussiens. Jamais on ne vit attaque si furieuse!...

Ce succès assuré, l'amiral fit mettre quelques canons en batterie et foudroya les batteries ennemies postées sur le chemin de Terminiers à Gommiers.

Pendant ce temps, le général Chanzy se portait avec une égale intrépidité sur Gommiers, et enlevait la position à la baïonnette. A une heure, la route était balayée et notre corps d'armée s'y installait face à face avec l'ennemi qui s'appuyait sur les hameaux de Nonneville et Faverolles, tandis que son centre se retranchait dans le château de Villepion.

Il fallait recommencer la bataille du matin. Après une demi-heure de repos, l'amiral s'élança comme la première fois sur Faverolles, par la belle route d'Orgères. Les boulets et les obus n'arrêtèrent pas nos braves marins sur ce chemin de deux kilomètres parcouru au pas de course. En entrant dans Faverolles, ils recommencèrent leur manœuvre de la hache, et rejetèrent l'ennemi sur Villepion, tandis que Chanzy, s'emparant aussi héroïquement de Nonneville, les repoussait vers ce même château.

A la fin de la journée, le corps français enveloppa Villepion d'un formidable demi-cercle de fer et de feu. L'ennemi dut abandonner la position, où nous nous installâmes pour passer la nuit, et il s'enfuit dans la direction de Loigny, où Chanzy espérait le rencontrer le lendemain.

Malheureusement, il n'en put être ainsi. Au lieu de pouvoir marcher sur Loigny, comme il l'avait promis — ce qui permit à Gambetta d'annoncer que la bataille qui n'était que projetée était gagnée, — Chanzy dut se porter brusquement à l'est, vers Sougy, où le général de Sonnis se trouvait aux prises avec une formidable armée, venue d'Arthenay au secours des vaincus de Villepion.

Le matin du 2 décembre, nos troupes étaient postées d'Arthenay à Villepion, par Sougy, où elles formaient une ligne sans profondeur de près de vingt kilomètres de développement. A Arthenay étaient postés les mobiles de la Nièvre, qui supportèrent bravement le premier choc des Prussiens, venus en masse de Toury, par la route de Paris.

Les mobiles se replièrent en bon ordre, sur Chevilly, tandis que les troupes de Villepion se repliaient de même sur Patay. Sougy, de poste de réserve, devint le centre de l'action. C'est là que commandait le général de Sonnis. Le corps de Chanzy vint à son secours. Une fois la concentration opérée, l'armée française résista bravement au choc d'une formidable artillerie en position de la Croix-Briquet à Echelles, par Creuzy. Des deux côtés on tirait avec une égale ardeur.

Le soir venu, on gardait encore la route

de Patay à Chevilly. Mais on entendait venir au loin de nouvelles masses d'artillerie, de nouvelles divisions d'infanterie ennemies.

On ordonna une nouvelle concentration sur Orléans, qui s'opéra dans la nuit. Mais Chanzy, — qui, bien que blessé, s'occupait de tous les détails avec le soin minutieux qui lui est particulier, — au lieu de continuer le mouvement sur la gauche vers Orléans, crut la défense de la ville impossible et marcha vers Beaugency, par Saint-Péravy-la-Colombe et Saint-Sigismond. C'était un sûr moyen de ne pas être tourné, ou de ne pas être contraint à repasser la Loire. Je ne juge pas, du reste, je raconte. Le corps de Sonnis, ne se trouvant plus soutenu, vit sa retraite se changer en déroute.

Plus on marchait, et plus on se divisait, et plus la panique grandissait. Le 3 décembre, au matin, il y avait un noyau d'une nouvelle armée en formation du côté de Baccon et Coulmiers sous les ordres de Chanzy, mais il n'y avait plus d'armée de la Loire !...

Après la résistance énergique de Patay et de Sougy, les 16e et 17e corps s'étant repliés, le 15e corps, que commandait le général Martin des Pallières, se sentit faiblir, à Neuville et à Chilleurs, et se mit en retraite, le 3 décembre au matin, à travers la forêt d'Orléans, se dirigeant vers la ville par Rebréchien et Loury.

Le 20e corps, commandé par le général Crouzat, opéra alors un mouvement analogue à celui du corps Chanzy, et passa la Loire à Jargeau, faisant sauter le pont derrière lui.

Enfin, le 18e corps, qui marchait vers Montargis, rétrograda sans combat, et passa à son tour la Loire à Sully.

Ces cinq corps d'armée perdaient leur équilibre, se trouvant attaqués à des moments différents par les forces énormes de Frédéric-Charles, qui faisait parcourir, en vingt-quatre heures, le front de la forêt d'Orléans, sur une longueur de plus de dix lieues, à une armée compacte de cent vingt mille hommes !

Le général d'Aurelles avait cédé le commandement en chef au général Martin des Pallières. Celui-ci, après avoir fait enclouer les canons qu'il ne pouvait emmener, obtenait, le 4, un armistice, pendant lequel toutes les troupes réfugiées dans Orléans passaient la Loire, sur le pont de pierre, sur le pont du chemin de fer et sur trois ponts de bateaux.

Avant de suivre les débris de cette grande armée vaincue, sur la rive gauche de la Loire, revenons à Sougy, où le général de Sonnis avait supporté le plus rude choc. Ici se place un incident qu'il ne faut pas omettre.

Vers quatre heures, alors que nous tenions ferme devant les masses ennemies, le général voulut prendre l'offensive. En face de Sougy, se trouve une hauteur boisée qui était occupée par un corps bavarois. Un régiment de ligne, envoyé en avant pour le débusquer, avait plié...

Le général s'élance vers le régiment des zouaves pontificaux qui était resté en réserve, et lui ordonne de le suivre. M. de Charette et le commandant de Troussures, se mettent aux côtés de M. de Sonnis et vont au pas, suivis des zouaves, vers les Bavarois. A une petite distance, sous un feu très nourri, le général s'écrie :

— A la baïonnette !

Les zouaves s'élancent. Les Bavarois luttent un instant et s'enfuient. Mais leur décharge générale avait fait dans nos rangs de terribles ravages.

M. de Sonnis, blessé le premier, était tombé de cheval. M. de Charette avait aussi été blessé et gisait à côté de son cheval mort. Le commandant de Troussures, le duc de Luynes, M. de Vertanon, M. de Traversay, et M. Jacques de Bouillé étaient tués !

Seul de tous les officiers du corps, M. de Montalembert, bien qu'au premier rang, n'était pas atteint, quoique ses habits eussent été mis en lambeaux par les balles !...

Mais la position était prise, et l'honneur français était sauf !...

XXIII

D'Orléans à Bourges.

Les Prussiens entrèrent à Orléans par toutes les routes. Leurs masses inondèrent toutes les rues, toutes les places, dans la soirée du 4 décembre.

Une troupe, commandée par le général Von Alvens-Leven, se jeta tumultueusement dans l'évêché. Monseigneur Dupanloup se retira dans sa chambre, à la porte de laquelle on plaça deux sentinelles. La cave fut mise au pillage.

— Pauvre évêque ! dit le général, il n'a pas seulement du champagne.

On s'en vengea en brisant les meubles, en déchirant les tentures, et finalement en établissant dans tout l'hôtel une ambulance prussienne. Il fallait bien punir le prélat de son attitude vraiment française pendant le séjour de l'armée de la Loire, et de ses prédications patriotiques !

Mais la plus terrible vexation qu'ils lui aient fait supporter, c'est d'avoir illuminé l'évêché le jour de la reddition de Paris.

Attila et ses hordes, auxquels le prélat avait comparé le roi Guillaume et ses soldats, n'eussent pas inventé ce raffinement de barbarie !

Les premiers jours de l'occupation furent très douloureux pour les Orléanais. On ne peut se faire une idée de la façon dont les Prussiens faisaient payer aux habitants leurs précédents échecs, et de la manière dont ils célébrèrent leur victoire. Chez un négociant de la rue des Carmes, au coin de la rue de la Hallebarde, quarante-deux soldats volèrent et consommèrent en une seule nuit :

Quarante kilogrammes de lard;

Cent cinquante kilogrammes de pommes de terre ;

Cinq kilogrammes de beurre;

Cinq kilogrammes de saindoux;

Et cent cinquante bouteilles de vin cacheté...

Dans toutes les maisons, ils se livrèrent à des folies de ce genre. Toutes les provisions de ménage furent absolument dévorées en deux jours. On força les meubles pour prendre l'argent. On se livra aux réquisitions les plus fantastiques.

Ainsi, un jour, le commandant de place autorisa les soldats à saisir tous les clysopompes de la ville, pour s'en faire des pipes !... Ils profitèrent de l'occasion pour piller un peu les boutiques des pharmaciens, qui jusque-là avaient été considérées comme sacrées.

Le prince Frédéric-Charles occcupa l'hôtel de la préfecture. Il y mena très grand train. La dépense journalière de sa maison, aux frais de la ville, ne s'éleva pas à moins de trois mille francs!...

A l'exception des appartements qu'il occupa, tout le reste de l'hôtel fut mis au pillage. Il n'est pas resté un meuble entier.

Un pâtissier de la rue Royale, M. Brugère, fut mis en réquisition pour le service de la table. Quant au champagne, le prince en exigea de telles quantités qu'on fut obligé, — le détail est amusant, — d'en organiser une fabrication spéciale. Toutes les réserves de Saumur n'y eussent pas suffi.

Quand le prince partit, il ordonna une réquisition de bougie. La ville fut obligée de s'éclairer pendant longtemps avec de la chandelle. La quantité de bougie réquisitionnée fut si considérable que le prince, en partant, dut consentir à en laisser mettre jusque dans sa voiture !

Frédéric-Charles occupa Orléans du 10 décembre au 6 janvier.

Le 23 décembre, un charretier allemand, du train auxiliaire, un de ces misérables paysans qui ont organisé le vol sur une grande échelle, en prenant les soldats de leur pays pour complices, se plaignit d'avoir reçu un coup de poing d'un habitant.

Aussitôt la ville fut frappée d'une contribution spéciale de six cent mille francs, qu'il lui fallut payer le jour même. Le maire, M. Crespin, fit une enquête minutieuse et acquit la conviction que le coup de poing n'avait pas été donné. Il demanda au prince qu'une enquête contradictoire eût lieu. Frédéric-Charles refusa obstinément tout éclaircissement. Quant à une réduction du chiffre de l'amende, il s'y opposa avec plus d'entêtement encore, cette somme devant être partagée entre ses officiers à l'occasion des fêtes de Noël.

La ville paya.

Les officiers se réunirent alors, et, pour remercier le prince de cet acte de générosité, se cotisèrent pour lui offrir un superbe cadeau de Noël.

Leur choix fut vite fait. J'avoue que je crains bien de trouver ici le lecteur incrédule, tant l'hommage rendu par les officiers prussiens à leur chef suprême a l'air d'être une mauvaise plaisanterie, mais j'affirme sur l'honneur cette chose invraisemblable, et tout Orléans l'affirmera comme moi :

ILS LUI ACHETÈRENT UNE MAGNIFIQUE PENDULE!!!...

Cette pendule, style Louis XV, en bronze, se trouvait chez un horloger de la rue Royale, qui, en voyant arriver les officiers prussiens chez lui, crut que sa dernière heure était sonnée, tant jusqu'alors les Prussiens avaient montré de goût pour sa marchandise, en payant peu, comme on le sait. Or, cette fois, il toucha en bon argent le montant du prix, qu'on ne discuta pas !

C'est assurément la seule pendule que les Prussiens aient achetée en France.

Revenons à nos soldats.

L'armée en déroute, ayant passé la Loire, se trouvait répandue dans les plaines de la Sologne, cherchant son chemin, et arrivant, non à se former, mais à se rallier sur les diverses routes dont Bourges est comme le nœud. D'Orléans à Gien, tous les passages du fleuve envoyaient à Bourges un contingent de soldats découragés, vaincus par la fatigue et par les privations plus encore que par les Prussiens.

Le lendemain de l'évacuation d'Orléans, une division ennemie passa la Loire et s'engagea sur la route de Bourges. Quelques régiments essayèrent de l'arrêter à Salbris, le 6 décembre, mais infructueusement, et après une fusillade intermittente de deux heures, se remirent en chemin vers Bourges, par Aubigny et Vierzon.

A Vierzon, les Prussiens, ne trouvant pas de résistance, passèrent, et menacèrent sérieusement Bourges.

Ils avancèrent même jusqu'à Mehun, à quatre lieues de nos grands établissements militaires e n désarroi. Mais ils apprirent là que Bourbaki était chargé de réorganiser l'armée, et le renom du général leur inspira l'idée de se replier sur Vierzon. Ils firent sauter le pont du chemin de fer qui relie les lignes de Limoges et de Lyon à Orléans, et établirent à Vierzon une garnison suffisante pour assurer le libre prélèvement de leurs contributions de guerre et de leurs réquisitions.

Du reste. il n'entrait pas dans le plan des Prussiens de pousser l'invasion bien loin au delà de la Loire. Des vedettes, placées en avant de Vierzon, avaient même pour mission de signaler l'arrivée des Français, afin de donner le signal de la retraite. Ces vedettes ne firent pas le guet très consciencieusement, car, le 12 décembre, une colonne de cavalerie française arriva à l'improviste à Vierzon, et après avoir tué une douzaine de Prussiens mit le reste en fuite. Depuis lors, Vierzon nous appartint sans aucune contestation.

J'ai vu la tombe de trois Prussiens dans le cimetière de cette petite ville où l'on fabrique beaucoup de porcelaine, si bien que la céramique y joue, même sur les tombes, un rôle important. Les inscriptions funéraires sont en kaolin cuit, et les couronnes d'immortelles y sont remplacées par des ronds blancs, ressemblant à des assiettes privées de leurs fonds.

Une main pieuse, — mais allemande,— a placé un de ces anneaux de porcelaine sur la tombe des trois Prussiens.

Rien de plus triste à la fois, et de plus admirable que l'aspect de Bourges, pendant les journées des 6, 7 et 8 décembre. Cent mille soldats de toutes armes y arrivèrent, la plupart, avec les vêtements en lambeaux, sans armes, sans chaussures, exténués de fatigue, mourant de faim. Plus de vingt mille de ces malheureux étaient blessés aux pieds. Les maisons les plus pauvres comme les demeures les plus aristocratiques s'ouvrirent devant eux. On vit les dames de la plus haute société, à genoux devant ces soldats en détresse, leur laver les pieds et faire les premiers pansements !

La fraternité chrétienne a donné, pendant ces trois jours, un grand exemple à la fraternité républicaine !

Un décret de la délégation, en date du 6 décembre, nomma Bourbaki commandant en chef de l'armée de Bourges.

Le 8, le général arriva et accepta l'hospitalité qui lui fut gracieusement et patriotiquement offerte par l'archevêque, prince de la Tour-d'Auvergne. Tout d'abord il organisa les campements de ses cent mille hommes, et régularisa le service des vivres, qui était dans un tel désordre, que pendant quatre jours les habitants de la ville eux-mêmes manquèrent de pain !

Le 12 décembre arriva à Bourges M. Gambetta, qui se logea à l'hôtel de la préfecture. La première entrevue du général et du ministre fut des plus orageuses.

J'en tiens les détails d'un témoin oculaire. — la seule personne qui ait assisté à l'entretien.

Le général commença par mettre sous le nez du ministre la fameuse dépêche du 6 décembre, dans laquelle on lisait :

« Vous serez strictement dans le vrai
» en affirmant que cette armée est dans
» d'excellentes conditions, que son maté-
» riel est intact ou renforcé, et qu'elle se
» dispose à reprendre la lutte contre l'en-
» vahisseur. »

Puis il lui dit, à peu près textuellement :

— Vous prétendez que j'ai cent mille hommes !... Il est vrai qu'il y a, autour de Bourges, cent mille malheureux, la plupart malades, blessés, démoralisés. Mais je ne puis me charger du commandement de ces hommes. Il y a à peine vingt mille soldats à choisir dans cette foule. Je ne veux pas prendre devant le pays une telle responsabilité. Quand viendra la catastrophe finale, vous m'accuserez, comme vous avez accusé d'Aurelles. Je donne ma démission tout de suite, cela vaut mieux à tous les points de vue...

M. Gambetta insista, pria, et finit par dire qu'il n'était pas le maître de l'opinion, et que si la France le voyait, lui, Bourbaki, refuser un commandement à l'heure du péril, elle se souviendrait qu'il avait été le commandant de la garde impériale...

L'entretien s'arrêta là, sur un violent mouvement de colère du général, qui répondit brusquement ;

— C'est bon, j'accepte! mais en voilà assez pour aujourd'hui !...

Pendant deux jours Bourbaki resta enfermé dans sa chambre, ne voulant voir personne. M. Gambetta fit en vain des efforts pour pénétrer auprès de lui.

Enfin, le 14, le général l'invita à venir visiter les campements.

Les soldats ne cachèrent pas leurs sentiments. Sur presque tous les points, le ministre fut salué par les cris de : « A bas Gambetta ! »

XXIV

La défense du Nivernais.

A la suite de cette promenade, il fut convenu que Bourbaki ne prendrait que vingt-trois mille hommes sur les troupes massées à Bourges, et dont le reste devait servir à la défense des grands établissements militaires de la ville, ou être dirigé sur les camps d'instruction en formation sur divers points. Les vieux remparts de la capitale du Berri furent changés en retranchements. Les hauteurs furent couronnées de fortes batteries, et le général organisa le départ en toute liberté.

Il avait créé une inspection médicale. Chaque homme fut visité des pieds à la tête. On tria de même dans les misérables effets d'habillements fournis par les fantastiques entrepreneurs accrédités auprès des faiseurs officiels de Tours, afin de ne pas exposer les soldats à arriver nus dans l'Est, tant ces vêtements ainsi fabriqués étaient mal conditionnés. Sur trois paires de chaussures on en trouvait deux dont les semelles étaient en carton !

Les moyens de transport dont on disposait étaient aussi pitoyables. La Compagnie du chemin de fer d'Orléans n'avait plus de matériel à Bourges, et il fallut que l'armée allât prendre le chemin de fer de Lyon à la Charité, pour se rendre à Nevers et à Chagny.

Le général reporta à Nevers son quartier, et se livra, au camp de Saincaize à un nouveau tir de soldats.

Ce camp d'instruction, commandé par le général Vergne — général auxiliaire qu'on voyait peu, — était en réalité sous l'autorité dictatoriale du vice-président civil Malardier.

— Soldats, avait dit Malardier, en arrivant au camp, j'ai beaucoup fréquenté la fille d'un officier d'artillerie, et j'ai su, par elle, qu'il fallait trois mois pour qu'un canon *nouvellement* fondu fût assez refroidi pour servir. Vous ne devez donc compter que sur vos chassepots pour repousser l'ennemi !...

Ce Malardier, ancien instituteur communal de Dun-les-Places, avait été envoyé à Nevers par M. Gambetta, pour organiser le camp de Saincaize. Il s'était aussitôt fait confectionner un habit de général, et avait pris ce titre fantastique de vice-président civil, qui eût causé l'hilarité des habitants de Nevers, si l'on eût traversé de moins douloureuses circonstances. Ainsi travesti, le vice-président Malardier avait mis en réquisition, pour en faire sa demeure, le château de M. Blandin de Thé, qu'il obligea à lui fournir une voiture à quatre chevaux, pour ses promenades militaires. C'est du haut de cette voiture que le vice-président prononça son petit discours sur le refroidissement des canons. C'est aussi de là qu'un autre jour, il dit aux jeunes recrues :

— Obéissez à vos chefs, mes enfants, mais ne vous laissez pas *embêter* par eux. S'ils vous donnaient des ordres qui vous blessent dans votre dignité d'hommes et de républicains, venez me trouver, et je leur laverai la tête !...

La façon dont ce singulier fonctionnaire fut obligé d'abandonner sa résidence de Thé, mérite d'être racontée. Elle achèvera de donner une idée de ce qu'étaient les hommes de confiance de Gambetta.

Malardier ayant visité un jour le château en détail en l'absence de son propriétaire, constata qu'il manquait à cette demeure seigneuriale un de ces réduits intimes dans la construction et l'aménagement desquels les anglais sont si bien passés maîtres, qu'on donne généralement à ces réduits un nom anglais.

Il en fit la remarque et demanda assez impérieusement à M. Blandin de Thé l'établissement d'un de ces réduits. Le propriétaire, que les façons du vice-président civil commençaient à agacer fortement, le menaça de le jeter par la fenêtre, ce qu'il eût fait, du reste, si Malardier n'avait pris la fuite précipitamment. Il arriva ainsi tout d'une traite à Nevers, et ne reparut plus au camp de Saincaize, qui se trouva sans général comme sans intendant, et qui offrit bientôt l'aspect d'une gigantesque halte de bohémiens...

Tout cela, on le voit, n'était pas que ridicule. C'était démoralisant au possible. Bourbaki visita le camp de Saincaize avec un abattement visible. Il ne trouva bons pour son expédition que quelques bataillons de mobilisés de l'Indre, du Loiret, de l'Aube et de Seine-et-Marne. Ces deux derniers avaient du reste déjà fait preuve de patriotisme, en se rendant à Nevers, à travers les lignes prussiennes, pour répondre à l'appel de M. Gambetta.

A Nevers encore, Bourbaki ne cacha pas aux quelques intimes du salon de l'évêque, monseigneur Fourcade, chez qui il était logé, le peu d'espérances qu'il avait dans l'issue de l'expédition qu'il allait tenter.

— Vous n'avez donc pas confiance, lui dit un jour madame Ducrot, la femme du général qui commandait à Paris.

— Je n'ai confiance qu'en Dieu, madame, répondit-il, et sans cette confiance j'en finirais tout de suite !...

Aux portes de Nevers un autre camp s'était formé, celui-là plus sérieux, à

Vernuche, entre la Loire et le canal. Le général de Pointe de Gevigny, admirablement secondé par un capitaine de frégate, promu au grade de général, M. Louis du Temple, l'avait organisé. Sept cents marins, joints aux mobilisés de l'Yonne et de la Nièvre, firent de ce côté à l'invasion une barrière vivante, et, par une suite de petits combats glorieux, empêchèrent l'ennemi de se fixer à Gien et à Auxerre, et de menacer le département de la Nièvre, qui n'a jamais vu un Prussien qu'à l'état de blessé ou de prisonnier.

Le sort de la ville de Gien fut, par exemple, des plus malheureux. Les Français et les Prussiens s'y succédaient à de fréquentes époques, et chaque fois que l'ennemi s'y installait, les réquisitions devenaient plus insupportables. Ils se vengeaient sur la ville de leurs déconvenues de la région. Cinq combats furent livrés entre Gien et le département de la Nièvre. Les Prussiens furent atrocement battus à Neuvy, à Châtillon sur-Loire, à Ouzouer et deux fois à Briare! A Châtillon, il y eut cette particularité que les mobilisés n'avaient encore ni chassepots ni chaussures, et qu'ils enlevèrent toutes les positions de l'ennemi à la baïonnette !...

C'était le bataillon des mobilisés en sabots !...

Jamais le petit corps d'armée du général du Temple ne subit un échec. Le brave marin savait s'arrêter à temps dans la poursuite, et garder intacte la frontière du Nivernais, qu'il était chargé de protéger.

C'est en avant de cette province et dans le département de l'Yonne qu'il opérait. Un certain M. de Randzau, proconsul prussien à Ouzouer-sur-Loire, occupait le terrain de Gien a Joigny, et gardait la voie ferrée de Dijon. Ce M. de Randzau couvrait les murs des villages de proclamations émues où il se plaignait des violations du *droit des gens*, que commettaient les francs-tireurs et les mobilisés, et où il avouait que sa seule consolation était de brûler les maisons où l'on trouverait des armes, *ainsi que leurs propriétaires!*

Vingt-six uhlans ayant été tués aux environs d'un petit village nommé Ossage, la menace eut son effet, et le pays fut entièrement brûlé. Les habitants qui ne purent fuir périrent asphyxiés ou écrasés sous les décombres !...

Cette terrible exécution ne découragea ni les francs-tireurs ni les mobilisés, et le général du Temple résolut d'en tirer vengeance par un coup d'éclat, la rupture du chemin de fer de Lyon.

L'entreprise réussissant, toute communication rapide se trouverait interceptée entre les Prussiens de Dijon et ceux de Joigny et Sens.

On attaqua le 25 janvier au matin la gare de Laroche-sur-Yonne, point important et bien gardé. Le chemin de fer formelà un remblai élevé dominant la plaine. Les Prussiens retranchés derrière les murs crénelés de la gare, tiraient à coup sûr. Les mobiles s'élancèrent au pas de course, gravirent les talus et refoulèrent l'ennemi jusque dans le bâtiment des voyageurs. Les portes furent alors forcées à coups de crosse, et le rez-de-chaussée fut envahi. Les Prussiens se réfugièrent à l'étage supérieur et s'y barricadèrent...

La situation était des plus critiques. Les renforts pouvaient venir de Joigny, et la partie était perdue. On eut recours à un stratagème. On accumula tout le bois qu'on trouva sous l'escalier et on y mit le feu. Pour ne pas être grillés, les Prussiens jetèrent leurs fusils par les fenêtres, manifestant ainsi l'intention évidente de se rendre. On se rendit maître du commencement d'incendie, et, après avoir mis les prisonniers sous bonne garde, on fit sauter le pont.

Cette expédition hardie, et d'autres coups de main aussi heureux sur les postes prussiens de la ligne, firent grand honneur aux troupes du général du Temple, mais n'empêchèrent pas que le département de l'Yonne dont les Prussiens n'avaient jamais pu occuper qu'une partie, ne leur fût livré en entier par la convention d'armistice.

C'est qu'aussi, M. Gambetta — furieux de l'insuccès de son compère Malardier, dans le pays — avait oublié de mentionner, dans ses dépêches, la ferme attitude de la population armée de cette contrée !...

Nous allons voir ce que valaient les hommes dont il a si souvent fait l'éloge.

XXV

Les exploits de Garibaldi.

De Nevers, je me rendis à Autun, ville célèbre par une grande victoire remportée contre les Prussiens, par l'invincible Garibaldi.

A peine entré en ville, je pénétrai dans la boutique d'une marchande de tabac, qui m'offrit de ces horribles cigares jaunes, moitié choux et moitié paille que j'avais été condamné à fumer, hélas! dans tous les pays occupés !

— Vous avez donc des cigares prussiens, lui dis-je.

— Ah! monsieur, me répondit-elle, si Garibaldi ne nous avait pas sauvés, ce sont les Prussiens eux-mêmes que nous aurions, au lieu d'avoir seulement leurs cigares...

L'enthousiasme de cette marchande de tabac allait me gagner, lorsque je vis défiler une sinistre bande de coquins, vêtus de loques multicolores et conduits par un officier garibaldien.

C'étaient les détenus de la prison d'Autun, dont les portes venaient de s'ouvrir devant un ordre surpris par le trop fameux Bordone à l'amiral Penhoat. Cette bande allait grossir l'armée de la Commune de Paris...

Je songeai dès lors à prendre mes renseignements et mes cigares ailleurs, et je n'eus pas de peine à trouver, dans Autun même, des documents authentiques et des témoignages certains sur les événements dont la ville et ses environs avaient été le théâtre.

C'est le 8 novembre que Garibaldi, ses fils et Bordone arrivèrent à Autun. Le général se fit descendre à l'hôtel de la Sous-Préfecture, où il ne donna, du reste, aucun sujet de plainte. Quant à Bordone, il logea un peu partout.

L'évêque d'Autun, Mgr Marguerie, fut réveillé en sursaut, une nuit, par l'invasion de l'honorable corps des francs-tireurs de l'égalité. Ces braves gens, autorisés par Bordone, ne voulurent occuper le palais épiscopal qu'après avoir fait une minutieuse visite domiciliaire.

Ils entrèrent donc dans la chambre de l'évêque, et lui volèrent sa montre et son anneau pontifical.

L'ancien ministre de l'intérieur, M. Pinard, fut arrêté par ordre de Bordone, dans le cimetière, au moment où il prononçait quelques paroles sur la tombe d'une parente qu'on enterrait.

Tous les notables du pays furent l'objet de mesures vexatoires. C'était la nuit qu'on choisissait pour faire les perquisitions, et toujours les garibaldiens réveillaient ces malheureux, le pistolet au poing.

En revanche, tous les aventuriers qui passaient par Autun étaient reçus avec les plus grands égards. Un galon de plus à la manche était la politesse que faisait Bordone à tous ses visiteurs.

Un jour, un ancien cocher de fiacre de Lyon, reconnut dans la rue l'estimable chef d'état-major pour un de ses clients. Bordone, après une journée de courses, l'avait jadis laissé se morfondre à la porte d'une maison à deux issues !... Fort intelligent, cet ex-cocher ne récrimina pas, et en fut bien récompensé. Bordone lui donne une commission de lieutenant avec droit de toucher une entrée en campagne !

Le 28 novembre, l'armée de Garibaldi partit pour la guerre, projetant un coup de main sur Dijon. On devait surprendre les Prussiens pendant la nuit, et en faire une extermination complète. On arriva près de Lantenay, où l'on rencontra quelques éclaireurs prussiens. Les grand'gardes garibaldiennes arborèrent aussitôt un drapeau parlementaire et se mirent à causer avec les uhlans :

— Garibaldi, lui-même, est derrière nous, avec une armée de cinquante mille hommes. Nous vous laissons libres par humanité. Allez prévenir vos camarades de Dijon, car ils ne pourront résister à ce torrent...

Les uhlans purent le croire, car pendant ces pourparlers on entendait, au loin, sonner les trompettes de l'armée — dite des Vosges, — et jamais armée n'eût tant de trompettes !

Les Prussiens, effrayés de ce bruit, évacuèrent Pasques et Lantenay sans combat et se replièrent sur Dijon.

Mais le lendemain, mieux renseignés, ils revinrent, et, sans crier gare, lancèrent une véritable pluie de mitraille sur les campements garibaldiens. Toute l'armée se mit en déroute et rejoignit Autun dans un indescriptible désordre. Ricciotti, le héros de la famille, put à grand peine arrêter, à Arnay-le-Duc, quelques centaines de fuyards.

Le 1er décembre au matin, l'armée d'Autun, — qui s'appelait de plus en plus armée des Vosges, — était dans un tel désarroi, que Bordone avait déjà empilé dans ses malles tout ce qu'il trouvait sous sa main, et jusqu'aux rideaux de la sous-préfecture.

Heureusement que le sous-préfet alla trouver Garibaldi, et lui montra des rapports authentiques, établissant que les Prussiens n'étaient que deux ou trois mille.

Le général donna ordre de résister. Tant bien que mal on organisa des lignes de défense. A deux heures, un premier coup de canon fut tiré par les Prussiens, des hauteurs de la route d'Arnay-le-Duc..... Cela suffit pour faire perdre la tête aux garibaldiens, — l'élite des nations libres, — et ils pensèrent que puisque de Dijon ils étaient revenus ventre à terre jusqu'à Autun, ils pouvaient bien pousser plus loin la promenade...

Ils s'engagèrent donc précipitamment dans la route de montagne qui conduit au Creusot.

Les Prussiens avaient dit : « Nous allons prendre l'oiseau rouge dans son nid. » Se voyant abandonné des siens, *l'oiseau rouge* comprit que l'heure de la retraite avait sonné. Il commanda sa chaise...

Impotent, Garibaldi se faisait porter à bras, dans une sorte de boîte, dont les brancards consolidaient la fermeture. Deux fidèles se mirent aux brancards et l'emportèrent sur la route du Creusot.

La canonnade continuait avec violence. Quelques obus, dépassant la ville, arrivèrent dans la montagne. Les porteurs, effrayés, abandonnèrent Garibaldi dans sa boîte, sur la route, et prirent leur course. Le héros légendaire poussa des cris de colère et de détresse qui attirèrent des convoyeurs compatissants qui hissèrent sur un chariot le glorieux colis.

C'est ainsi que le général en chef de l'armée des Vosges s'éleva à une hauteur suffisante pour se rendre compte de la bataille qui lui valut plus tard l'admiration de Gambetta, des électeurs de Paris et de la marchande de tabacs d'Autun.

Si les Prussiens n'avaient pas cru devoir prendre des dispositions d'attaque, ils entraient dans Autun — comme on peut en juger — avec une extrême facilité.

Mais ils laissèrent le temps aux artilleurs des mobiles de la Charente-Inférieure de mettre que'ques canons en batterie sur la terrasse du petit-séminaire et de leur répondre vigoureusement.

En même temps, le capitaine Guide, de la mobile des Alpes-Maritimes, lança ses hommes en tirailleurs dans la plaine, tandis que le capitaine Leriche, des mobilisés d'Autun, arrêtait l'infanterie prussienne dans son projet de mouvement autour de la ville.

Vers cinq heures le bombardement cessa, pour reprendre vers huit heures avec plus de violence, et s'arrêta une heure après.

Garibaldi s'était fait reporter en ville, et, ralliant une partie de ses hommes, les envoyait renforcer ces trois héroïques compagnies.

Le lendemain matin, chacun était à son poste, mais les Prussiens ne tirèrent pas...

Ils étaient partis!

Tandis qu'on observait avec soin les hauteurs d'où ils tiraient la veille, on vit arriver un paysan qui venait de Saint-Symphorien. Il annonça que l'état-major du général prussien Keller s'était établi dans la maison d'un riche propriétaire, M. Abord, et que, vers onze heures du soir, des dépêches étaient arrivées, annonçant que le général Cremer marchait sur Châteauneuf et Sombernon, avec l'intention de couper les communications entre la petite colonne prussienne d'Autun et le gros de l'armée resté à Dijon.

On chanta aussitôt victoire sur tous les tons et dans toutes les langues. On envoya des exprès pour ramener les fuyards qui, arrivés déjà au Creusot, y avaient jeté la terreur, et l'on confectionna des dépêches pour annoncer à la France ce glorieux événement.

Un détail amusant. On a vu les noms des deux capitaines qui s'étaient illustrés dans la défense d'Autun, MM. Guide et Leriche. Bordone s'en servit dans une partie de sa dépêche, dont voici le texte :

« Des jeunes gens *riches*, appartenant aux premières familles d'Italie, les *Guides* de Garibaldi, se sont admirablement conduits !... »

Cent cinquante hommes avaient péri dans cette petite bataille.

Et quand, maintenant, on veut rappeler au bas peuple d'Autun les faits qui honorent plus la ville que sa garnison fantastique, et que l'on attribue, par exemple, la victoire à la bonne attitude de la batterie de la terrasse du petit séminaire, les braves Autunois ne manquent pas de vous répondre avec mépris :

— C'est bien ça, le petit séminaire !... On sait que les cléricaux n'aiment pas Garibaldi.

C'est d'Autun que l'armée des Vosges partit pour Dijon où nous la retrouverons, mieux composée, mais plus mal dirigée encore.

Le Creusot garde le souvenir de cette journée d'angoisses. En un clin d'œil, toutes les maisons furent envahies.

— Nous avons été battus après quatre jours de lutte héroïque — disaient les garibaldiens — mais ils sont cinquante mille au moins, et leur général a annoncé qu'il viendrait détruire le Creusot.

Chacun s'occupa de mettre en sûreté ses objets précieux. Et la précaution ne fut pas inutile, car le lendemain, les garibaldiens, repartant pour Autun, firent main-basse sur tout ce qui se trouva à leur portée.

Je suis passé par le Creusot, et j'y ai vu circuler une petite monnaie curieuse. Ce sont des billets de cinq francs, émis par l'usine pour le temps de la guerre, et qui lui permettaient, tout en n'ayant pas de commandes ni de débouchés, de faire vivre de son travail toute sa laborieuse population. M. Henri Schneider, fils de l'ancien président de la Chambre, n'avait pas quitté l'usine, même dans les plus mauvais jours, et il se vengeait des coquineries de messieurs les disciples d'Assi, en sauvant de la misère, de la faim, ce peuple d'ouvriers un instant égarés par les sinistres prédications d'une bande de mauvais drôles.

D'autres grandes usines de France ont, du reste, suivi ce noble exemple. On ne me blâmera pas de l'avoir signalé en passant.

XXVI

La bataille de Nuits

Le département de Saône-et-Loire avait songé à se protéger contre l'envahisseur. Le quartier général de l'armée des Vosges, posté à Autun, lui semblait couvrir suffisamment sa région minière. Les barricades et autres ouvrages de Chagny, entre la Côte-d'Or et la Saône, devaient protéger les immenses vignobles du Mâconnais. Les Prussiens ne se risquèrent pas de ce côté, où tout était préparé pour les bien recevoir.

Ils ne vinrent à Beaune qu'après l'armistice, ce qui indisposa fortement la population, qui leur fit un très désagréable accueil. Il y eut même, dans les faubourgs, quelques soldats ivres qui voulurent malmener les habitants, et qui le payèrent de leur vie. On comprend du reste fort bien le mécontentement d'une ville qui a tout fait pour repousser l'ennemi, et qui ne le voit arriver qu'à l'heure où elle ne peut plus le combattre.

Beaune est assurément le pays où les matelas sont le plus durs. Comme je m'en plaignais au maître d'hôtel qui me reçut, il me répondit avec une certaine majesté :

— Fallait-il pas les faire carder pour les Prussiens !

C'est à croire, du reste, qu'il y a dix ans que les hôteliers de Beaune attendaient ces visiteurs incommodes !...

Quant aux cafés, ils sont tenus par des gens bien spirituels, car je ne puis mettre que sur le compte de son esprit, une réponse que me fit un limonadier :

— C'est ici, me dit-il, que le général Cremer prenait son absinthe. Il s'asseyait à cette place...

— Et à quelle heure venait-il ? hasardé-je.

— Mais, monsieur, à toute heure.

Cette réplique m'a donné l'idée de réhabiliter le général Cremer — depuis simple commandant — dans l'esprit des habitants de Beaune. Je ne puis mieux y réussir qu'en racontant la fameuse bataille de Nuits, où il s'est couvert de gloire, ainsi que l'affirment les bulletins de M. Gambetta.

Nuits est une jolie petite ville située au pied de la Côte-d'Or, à l'entrée d'une gorge étroite qui conduit dans un inextricable dédale de montagnes et de vallées. La ville est traversée par la grande route de Dijon à Lyon, à laquelle le chemin de fer est parallèle. Cette position rendait Nuits fort important pour les Prussiens, parce que sa possession les rassurait à

Dijon, et non moins important pour les Français parce que sa possession les rassurait à Beaune. Il s'ensuivit une série de combats assez sérieux, mais presque toujours sans résultats bien certains.

Le 2 novembre, une forte reconnaissance prussienne se montre aux environs de la ville, aperçoit un certain nombre de gardes nationaux, et revient sur ses pas.

Le 5, cinq cents Prussiens viennent à la gare, bouleversent tout et coupent les fils télégraphiques. On les rétablit derrière eux. Le 17, ils recommencent ce manége, mais, cette fois, le télégraphe réinstallé demande du renfort, et les francs-tireurs du commandant Bourras viennent de Lyon occuper la ville.

M. Bourras avait quelques canons qu'il plaça sur la montagne. Les Prussiens en amenèrent quelques-uns, le 20 novembre, qu'ils installèrent du côté de Flagey. On s'envoya quelques obus, qui ne firent de mal, des deux côtés, qu'aux maisons de la ville, puis le commanda lança ses hommes dans les vignes, et leur fusillade bien nourrie atteignant les Prussiens dans la plaine, les décida à revenir encore une fois à Dijon.

Le 30 novembre, le général Cremer arriva, avec la 2ᵉ légion du Rhône, renforcer les francs-tireurs. Il avait des canons sérieux et de vrais artilleurs. Les Prussiens, qui s'étaient avancés cette fois jusque dans les rues de la ville, en furent vigoureusement chassés et s'enfuirent en désordre jusqu'au château de la Berchère, où ils parvinrent seulement à se rallier.

Ces escarmouches et bien d'autres moins importantes ne devaient et ne pouvaient être que le prélude d'une affaire très sérieuse.

Vers le milieu de décembre, la petite armée de Nuits, forte de quatre mille hommes environ avec de l'artillerie, se composait des deux légions de mobilisés du Rhône et d'un bataillon du 32ᵉ de marche, le tout sous les ordres du général Cremer, dont l'avancement fort rapide s'expliquait, en ce sens que la plupart de ses soldats étant des gardes nationaux, son commandement était essentiellement temporaire.

Le général Werder avait pris des dispositions assez habiles pour s'emparer de Nuits. Le 18 décembre, ses troupes se démasquèrent de trois côtés. Un petit corps venant par l'étroite gorge de la Côte-d'Or si bien nommée la Serrée, fut reçu à coups de canon et obligé de reprendre au plus vite le chemin par où il était venu. Le 32ᵉ de marche s'élança à sa poursuite, mais il fut bientôt obligé de se replier sur la ville, car de fortes batteries se démasquant tout à coup à trois kilomètres, au château de la Berchère et au village de Boncourt, le couvrirent littéralement de feux, puis engagèrent un véritable combat avec nos batteries de la Côte.

En même temps, débouchant du bois de la Charbonnière et de la forêt de Citeaux, vingt mille Prussiens se mettaient en ligne, enveloppant la ville de trois côtés.

Le général Cremer n'était pas sur le champ de bataille, mais de son quartier général, au centre de la ville, à l'hôtel Sainte-Anne, il envoya l'ordre à ses trois régiments de faire face de tous côtés à l'ennemi. Les soldats du 32°, qui n'avaient que neuf mois de service, les mobilisés, qui en avaient à peine deux, s'embusquèrent derrière les murs qu'ils crénelèrent, et profitant de tous les accidents de terrain, ouvrirent sur l'ennemi un feu très nourri. Les Prussiens perdaient énormément de monde, mais ils avançaient toujours...

Nos canons de la côte durent cesser de tirer. On leur donna l'ordre de se replier dans la montagne, tandis que neuf batteries prussiennes bombardaient la ville avec une incroyable violence.

Les gardes nationaux de Nuits s'étaient joints aux mobilisés du Rhône. Tous se battaient avec acharnement, mais le cercle se rétrécissait toujours. De dix heures à midi, le feu ne cessa pas un instant! Aussi fallut-il chercher bientôt le salut derrière des abris sérieux, et se contenter de défendre les rues de la ville.

Le général Cremer était toujours à son quartier général.

Les Prussiens approchaient du chemin de fer. Là, un ancien zouave, M. Maignant, chef de gare de Nuits, voyant l'ennemi approcher, s'embusqua derrière un tas de charbon, et se faisant charger des fusils par une foule de tireurs inexpérimentés, soutint seul le choc pendant une demi-heure.

Vers deux heures, le chef de la 2° légion du Rhône, le colonel Seiler vint le trouver.

— Monsieur, lui dit-il, vous avez été soldat. Aidez-nous. Vous connaissez la ville, dites-nous ce qu'il faut faire pour prolonger la résistance!...

— Mais le général...

— On ne sait pas où il est, s'écria le colonel Seiler.

M. Maignant quitta son poste de tir, et secondé par un maréchal des logis de gendarmerie, M. Jolly, régla la défense des rues.

Le colonel Seiler demanda le poste le plus périlleux. On lui confia la route de Dijon. Son cheval fut tué. Avec un incroyable sangfroid, le colonel coupa la sangle de la selle, et la porta sur son bras gauche, tandis qu'il tenait son épée de la main droite. Il était au premier rang, dirigeant le feu. Au bout d'une demi-heure il tomba mortellement blessé...

Tous ces efforts héroïques étaient dépensés en pure perte. Les Prussiens entraient par toutes les rues...

Le brave chef de gare et le maréchal des logis faisait replier les soldats petit à petit; ils évacuaient la ville et se retiraient par la route de Beaune, vers le village de Premeaux, où l'on trouva enfin le général Cremer, qui se préparait à résister le lendemain.

Les Prussiens se répandirent dans les maisons. Ils ne pillèrent presque pas. Sur vingt mille combattants, près de six mille étaient tués ou blessés. Cela leur donnait à réfléchir. Ils firent bonne garde craignant une surprise.

Le lendemain, 19 décembre, ils repartirent pour Dijon. Le général Cremer revint aussitôt à Nuits et s'adjugea la victoire. Il ramenait, du reste, non-seulement ses soldats de la veille, mais encore des renforts venus de Beaune, et dont l'arrivée, annoncée aux Prussiens, les détermina à opérer leur retraite précipitée.

Et voilà comment Français et Prussiens considérèrent cette affaire de Nuits comme un succès. Nous avions douze cents hommes hors de combat.

Quant à ce que j'ai dit des véritables héros de la journée du 19 décembre, j'en puis fournir une éclatante preuve. Le chef de gare de Nuits a reçu à cette occasion la croix de la Légion d'honneur.

Mais ce n'a pas été sur le rapport du général Cremer que nous allons bientôt retrouver à Dijon.

XXVII

Le général Cremer

Il est bien entendu que je ne donne ici que des notes de voyage et que je n'ai pas la prétention d'écrire l'histoire de cette guerre. Je recueille des impressions, des mots, des faits, des anecdotes. Je recherche les actes de courage, mais je n'omets pas les défaillances qu'on me signale. Ce que je tiens surtout à établir, c'est que je n'invente rien, c'est que je suis de la plus entière bonne foi.

J'ai repris mon voyage, interrompu par les événements de Paris. Entre les deux périodes, le hasard m'a fait rencontrer le général Cremer. J'ai pensé qu'il serait intéressant de lui demander la vérité sur sa participation à cette campagne, où son rôle a été si diversement apprécié. Ce qui suit n'est ni une justification, ni une confession, c'est en quelque sorte la sténographie d'un récit fort lucide, où les détails intimes se mêlent à des indications précises, dont j'ai pu depuis constater l'exactitude sur la carte d'état-major.

— Je suis Lorrain, de Sarreguemines, me dit le général, et je parle l'allemand comme ma langue maternelle. Le jour de la capitulation de Metz, je me suis évadé, déguisé en marchand de bestiaux.

— Vous avez donc assisté à toute l'affaire Bazaine !... Je serais bien curieux de savoir ce que vous en pensez.

— Je trouve qu'il est absurde d'accuser Bazaine d'avoir trahi la Répulique, puisque les fautes qu'il a commises et qui l'ont contraint à rentrer dans Metz, étaient antérieures au 4 septembre...

— Qu'étiez-vous dans l'armée de Metz ?

— J'étais aide de camp du général Clinchant. Je vous disais donc que je me suis déguisé d'abord en marchand de bestiaux. Arrivé dans le grand-duché de Bade, je changeai d'allure, et me fis voyageur de commerce. Pour mieux entrer dans la peau du personnage, je plaçai même plusieurs coffres-forts pour la maison Haffner, de Paris. J'arrivai ainsi à Bâle, et je rentrai en France par Bellegarde, où un commissaire de police m'arrêta. A Bourg, je me fis reconnaître, et le préfet du Rhône, M. Challemel-Lacour, voulut me charger du commandement d'une légion de mobilisés. Je préférai me rendre à Tours, où j'obtins une audience de M. Gambetta.

Je lui fournis tous les renseignements qu'il me demanda, sur Metz, et, dans la conversation je lui exposai mes idées sur la défense nationale. Je trouvai mauvais le système de résistance des localités isolées, et je démontrai que le mode de défense par régions était préférable....

Le lendemain, j'étais appelé au ministère, et j'appris que l'on m'avait désigné au commandement de la brigade de mobilisés de l'Ain, dépendant de la division Crivisier, du 24ᵉ corps. Je fus ensuite nommé commandant du camp de Chagny, qu'avait formé le général Crouzat, désigné pour le 20ᵉ corps de l'armée de la Loire. Je marchai résolument en avant et le 25 novembre j'arrivai à Nuits. Le général Crivisier me donna l'ordre de rétrograder. J'envoyai aussitôt ma démission par dépêche à M. Gambetta, demandant à reprendre mon rang de capitaine d'état-major. Je reçus une réponse télégraphique. On me donnait le commandement de la division Crivisier...

Le 30 novembre, je remportais sur les Prussiens un avantage marqué (1) et j'eus à me louer particulièrement de la belle conduite d'un maréchal de logis de gendarmerie nommé Brosse, que je fis nommer officier.

Le 1ᵉʳ décembre les Prussiens firent un retour offensif, que je repoussai, admirablement secondé par M. de Carayon-Latour, aujourd'hui député et alors chef du bataillon de la Gironde.

J'avais combiné avec Garibaldi un plan de campagne. Tandis que les Prussiens marchaient sur Autun, je me portai sur leurs derrières, à Châteauneuf. Je ne pouvais risquer mes jeunes troupes dans une bataille rangée ; mais j'occupai solidement le mamelon sur lequel est construit le bourg. J'y installai six canons Armstrong — toute mon artillerie, — et le 3 décembre, au moment où la brigade prussienne Keller revenait à Dijon, je la foudroyai littéralement sur la route, entre les hameaux des Bordes et de Vandenesse. Ils essayèrent de me tourner ; mais mes précautions étaient prises. Ils laissèrent cinq ou six cents hommes, tués ou blessés, sur le champ de bataille, et je leur enlevai presque tous leurs bagages, avec lesquels je rentrai à Nuits.

Ma division se composait alors de la 1ʳᵉ et de la 2ᵉ légion des mobilisés du Rhône, du 32ᵉ et du 57ᵉ régiment de marche, de plusieurs compagnies de francs-tireurs, du bataillon de la Gironde et de trois batteries d'artillerie. C'est aux officiers de ces troupes qu'il faudrait demander si j'ai fait mon devoir !...

J'arrive à la bataille de Nuits. Le matin du 18 décembre, sachant que je devais être sérieusement attaqué par l'armée de Werder, je préférai prendre l'offensive. Je me portai donc en avant sur la route de Dijon, et, après quelques escarmouches, près de Gevrey, je me repliai, observant la marche de l'ennemi. Les hauteurs étaient gardées par M. de Carayon-Latour. J'occupai le centre, et j'avais à ma droite le colonel Graziani, commandant une brigade. Nous faisions face à l'ennemi, de façon à ne pas être tournés et lui laissant prendre du terrain, juste ce qu'il fallait pour l'amener sous le feu de nos canons placés sur la côte de Nuits.

A midi, le combat sérieux commença. Nous étions adossés à la ville, maîtres de la côte et de la plaine que nous dominions, grâce au remblai du chemin de fer. En vain les Prussiens essayaient-ils

---

(1) J'en ai tenu compte dans le feuilleton du 22 juin, chap. XXVI. — A. d'A.

de nous tourner, le chemin de fer les arrêtait toujours. J'avais là deux pièces de 4, commandées par un jeune officier, le lieutenant Dartein, qui fit preuve d'une grande intelligence et d'une extrême bravoure. Il lançait ses pièces au galop, s'approchait à trois cents mètres des Prussiens, leur envoyait une vingtaine de boîtes à mitrailles et repartait au galop, sans que l'ennemi eût seulement le temps de lui blesser un cheval.

Nous tînmes ainsi jusqu'à trois heures et demie. J'avais installé mon quartier général au centre de la ville, place de la mairie, dans un café, sur les tables duquel étaient étalées mes cartes. J'allai constamment de la gare à la route de Dijon, les deux points où l'on combattait le plus. C'est à ce dernier point que je vis tomber le colonel Celler. Déjà le colonel Graziani avait été tué. La journée était chaude. Mais il était évident que les Prussiens perdaient plus d'hommes que nous, et cette assurance me soutenait.

— Et l'affaire du chef de gare, M. Maignant? dis-je au général.

— Je n'en ai eu connaissance que plus tard. Cela doit se placer au moment où je dus monter sur la côte. Du reste, plusieurs habitants de Nuits firent preuve en cette terrible journée d'un grand courage. La pluie d'obus qui tombait sur leur ville ne les déconcerta pas un instant...

Vers cinq heures et demie, le tir de mon artillerie de la côte me parut se ralentir. Je montai à cheval et m'élançai sur le chemin escarpé qui conduit à Chaux. Mon cheval fut tué. Je pris le cheval de mon ordonnance qui tomba un peu plus loin. Je montai alors sur le cheval d'un des hommes de l'escorte, et j'arrivai à mes batteries.

Les munitions s'épuisaient. J'en avais pourtant demandé depuis plusieurs jours au général Bressolles!... Je m'occupai de bien utiliser ce qui me restait, et je réglai moi-même le tir de toutes les pièces, les faisant tirer seulement sur les masses d'infanterie ennemie.

A la nuit, les Prussiens étaient dans la ville. Mes troupes s'étaient retirées, disputant le terrain pied à pied. Ma batterie Armstrong, installée à Prémeaux, bombarda les maisons de ce côté de Nuits, où les Prussiens s'étaient établis, et incendia la maison du maire, qui ne me l'a jamais pardonné...

— Je le sais bien, lui dis-je en souriant.

— En somme, reprit le général, on avait tenu jusqu'à huit heures du soir. Il nous était arrivé des munitions, mais nos fusils, achetés à l'étranger, étaient de calibres différents, et les cartouches qu'on nous apportait étaient toutes semblables. Il en résulta que la moitié au moins de mes soldats ne pouvait se servir de leurs armes.

Un bataillon du 57ᵉ de marche s'arrêta dans la retraite et prit une attitude offensive, ce qui empêcha les Prussiens de nous poursuivre. Je fis descendre mon artillerie de la côte, par la route de Ladouée, et ma retraite ne me coûta ni un canon ni un fourgon.

Le lendemain matin, j'installai mon quartier général à Beaune, que je mis en état de défense. Bosack et Ricciotti Garibaldi m'y rejoignirent dès l'aube avec des troupes fraîches, que je chargeai de se reporter en avant, du côté de Nuits, tout en leur recommandant de ne pas s'engager. Les Prussiens, apprenant ce mouvement, abandonnèrent la ville et revinrent assez piteusement à Dijon.

Nuits resta neutre. J'y envoyai seulement, presque tous les jours, des reconnaissances. M. Gambetta me recommanda par dépêche de ne pas reculer plus loin que Chagny : « Envoyez-moi des munitions, lui répondis-je, et j'irai à Dijon!... En tous cas, je ne reculerai pas et je ne quitterai pas Beaune. »

On vous a montré, m'avez-vous dit, la table où je prenais mon absinthe. Cela ne m'étonne pas. Beaucoup de gens ont trouvé singulier qu'un général continuât à vivre comme un simple capitaine. J'avais pris l'habitude de prendre mon absinthe et de lire les journaux au café avant de dîner. Je ne croyais pas que mon avancement m'obligeât de rien changer à ma manière de vivre.

J'ai à Beaune beaucoup d'amis, mais j'y ai au moins autant d'ennemis, et voici pourquoi.

J'y reçus un jour l'ordre de faire arrêter un sous-officier d'artillerie qui avait insulté à Lyon un officier.

Ce malheureux fit rébellion. Il fut envoyé devant la cour martiale et condamné à mort. L'aumônier de la prison vint me demander sa grâce. Je répondis, en lui lisant le texte de la loi, que je n'avais pas le droit de m'opposer à l'exécution de la sentence, exécutoire dans les vingt-quatre heures, sans appel ni recours. Un grand nombre de dames de la ville vinrent ensuite en corps implorer ma clémence. Je leur fis la même réponse. Une heure après il y eut une véritable émeute. On criait : « A l'assassin! » sous mes fenêtres.

Le lendemain matin, le peloton d'exécution tira en l'air. La foule menaçante entoura la maison que j'habitais. Je ne me préoccupai pas de ces cris, et j'allai à la prison. Je dis aux hommes du peloton d'exécution que je ferais fusiller tous ceux dont le coup ne serait pas dirigé sur le condamné. La sentence fut exécutée.

Je me mis à la tête d'un bataillon, armes chargées, et je me promenai par la ville soulevée. J'entendis le cri : « Il faut tirer dessus !... » Pour toute réponse, je décrochai ma ceinture, à laquelle étaient attachés mon sabre et mon revolver, je la remis à un de mes officiers, et je continuai ma tournée...

De Beaune, je reçus l'ordre de marcher sur Dijon, en même temps que Garibaldi, pour coopérer à l'action de l'armée de l'Est. Le général Bourbaki me donna la mission de couvrir son aile gauche. Je combattis avec ma division à Gray, à Vesoul, à Lure, poursuivant Werder à une demi-journée de marche. De Lure, je me dirigeai sur Etobon, sous les ordres du général Billot. J'enlevai le plateau de Chenebier, avec le concours de la division de l'amiral Penhoat. Avec le bataillon de M. de Carayon-Latour et le 83ᵉ et le 86ᵉ de mobiles, je combattis deux jours et deux nuits...

Nous manquions de vivres. L'amiral resta à Chenebier, tandis que je marchais sur Salins. Là je fus chargé d'aller prendre à Ornans, et d'amener à Besançon, tous les parcs du 18ᵉ corps. En route, je livrai les combats de Villers-la-Ville et de Dannemarie. A Besançon j'eus l'honneur, moi simple général de division, d'être invité à faire partie du conseil de guerre tenu au Château-Farine par le général en chef Bourbaki, les chefs de corps Clinchant et Billot.

Il y fut décidé qu'on devait aller occuper immédiatement les défilés de Saint-Laurent et des Planches. On me confia cette mission, en me donnant à commander, outre ma division, la division Segard et la brigade de réserve Pallu de la Barrière.

Je fus obligé de rester en route, à Ornans, pendant trente-six heures, sans ordres et sans vivres. Là j'appris l'acte de désespoir de Bourbaki, et la nomination du général Clinchant.

Un général en chef me fit venir à Pontarlier. Il m'ordonna de laisser ma division aux ordres de mon chef d'état-major, le colonel Poulet, et de partir pour les défilés de Saint-Laurent et des Planches avec le 2ᵉ régiment de marche des chasseurs d'Afrique. En route je ralliai deux autres régiments de cavalerie. Je tins les défilés et gardai libre la route de Gex. Je fis passer environ seize mille hommes et je me rendis à Gex. La campagne était terminée, vous savez comment !...

Mais ce que vous ignorez, ce que tout le monde ignore, c'est ceci...

Et le général Cremer me montra deux dépêches. La première, signée de Freycinet, annonçait qu'un armistice était conclu pour vingt-un jours et indiquait la façon de l'observer... Elle était datée du 29 janvier.

La seconde, portant la même signature, annonçait que les départements du Doubs, du Jura et de la Côte-d'Or, et l'armée de l'Est n'étaient pas compris dans l'armistice. Cette dépêche était datée du 31 janvier.

Elle était arrivée deux jours après la première !...

Ainsi, une partie de l'armée de l'Est a ignoré deux jours que l'armistice ne la concernait pas !... Le général Cremer, pour son compte, avait eu des avant-postes enlevés, alors qu'il se croyait absolument garanti par la convention !

Le général continua son récit :

— Je me rendis à Bordeaux, où je fus chargé de la réorganisation du 24ᵉ corps, à Chambéry, et de la défense du Rhône, de Bellegarde à Lyon.

Quand la paix fut signée, je fus mis en disponibilité. Je suis donc maintenant général de division à titre auxiliaire, mais je n'ai que le grade de lieutenant-colonel dans l'état-major régulier.

— Mon général, lui dis-je, votre récit rapide m'a fort intéressé. Je n'ai plus rien à vous demander quant à mon feuilleton : *Les Prussiens en France*. Seulement, puisque vous vous m'avez donné les éléments d'une sorte de biographie, fournissez-moi les moyens de la compléter.

— Cela m'est d'autant plus facile que le *Figaro* lui-même m'y aidera. Voyez un peu sur quoi se fondent les popularités. Vous souvenez-vous qu'en juin dernier, lors des émeutes du Luxembourg, à Paris, un officier d'état-major, sortant seul du palais, fut assailli par une foule de braillards qui lui lançaient toutes sortes de projectiles, et notamment des sous. Vous avez raconté le fait, et vous avez ajouté que cet officier descendit de cheval, fendit la foule, s'installa à une table d'un café de la rue de Tournon, sur le trottoir, prit tranquillement un verre de bière, et se contenta de répondre aux émeutiers : « Quand les chiens aboient si fort, ils ne sont pas dangereux... »

— Je m'en souviens en effet.

— Eh bien, c'était moi. Aussi je fus bien étonné de ma popularité sous la Commune. Après le licenciement du 24ᵉ corps, je vins à Paris, vers le 15 mars. Le 18 j'étais allé voir mon ami Pierre Véron, et je me promenais, en petite tenue, sur le boulevard extérieur. Mon uniforme me valut quelques injures.

Le 19, je me rendis au 82 de la rue des Martyrs, où avait demeuré mon frère, tué au combat de Buchy, pour régler quelques affaires d'intérêt. Au moment où je traversai le boulevard des Martyrs, je me vis entouré, bousculé par une foule hostile. Je me débattais sous les horions, quand un individu s'écria : « C'est le général Cremer ! »

L'attitude de la foule changea subitement. Avec autant d'empressement, on se jeta sur moi pour me porter en triomphe à l'Hôtel de ville, et j'eus énormément de peine à gagner un petit restaurant où je demandai qu'on allât me chercher une voiture.

Je me fis conduire au café de Suède, où j'avais rendez-vous avec mon beau-frère qui habite le passage Jouffroy. Un gamin avait suivi la voiture à la course. Il me signala à des officiers garibaldiens, qui vinrent avec des gardes nationaux me prendre et me porter plutôt que me conduire à l'hôtel de ville. A mon entrée, on cria : Vive Cremer. Les membres du Comité central devant lesquels je fus mené m'apprirent l'arrestation du général Chanzy. Comme j'ai pour le général une très vive sympathie, je conçus aussitôt le projet de le délivrer, et j'en causai, à voix basse, avec le colonel Aronhson, qui avait aussi été conduit à l'hôtel de ville. Je temporisai donc avec les membres du comité, et nous nous mîmes en rapport, Aronhson et moi, avec deux chefs de bataillon de la garde nationale, dont l'un était en correspondance avec M. Vacherot. Aronhson informa MM. Tirard et Saisset de notre projet, dont je fis part, par lettre, à M. de Carayon-Latour.

Jamais je ne suis allé place Vendôme, et par conséquent je n'y ai jamais prononcé de discours. Le comité central m'avait offert successivement le commandement en chef de la garde nationale, et le commandement des forts et de l'enceinte. Je n'acceptais pas, mais je ne refusai pas. Un jour, las de mes hésitations apparentes, les membres du comité me firent subir un interrogatoire en règle, qui se termina par cette question : « Enfin, pouvons-nous compter sur vous, et commanderez-vous le feu ? »

« Donnez-moi vingt mille hommes, leur répondis-je, et je m'engage à attaquer les Prussiens à Saint-Denis. »

Plusieurs membres du comité voulaient me faire arrêter, mais l'avis contraire prévalut. On craignait la popularité dont je jouissais dans la garde nationale...

Je sortis de l'Hôtel de ville, à cheval. Un groupe de cavaliers garibaldiens me suivit comme pour me faire escorte. Je descendis de cheval, et rentrai dans la première maison venue. Mon *escorte* s'éloigna.

Cette situation dura huit jours. Aronhson vint me trouver et me dit que le moment était venu de frapper un grand coup, car, après les élections de la Commune, la vie de Chanzy pouvait être menacée. Nos mesures étaient prises pour l'enlever, au besoin, par un coup de main, mais il y avait à craindre un acte de violence à l'intérieur de la prison, et nous ne voulions user de la force qu'à la dernière extrémité. Je me rendis à l'Hôtel de ville à midi, et jusqu'à minuit je négociai, tour à tour, priant et menaçant. J'avais sur la société des Alsaciens et Lorrains une influence dont je me fis une arme. J'obtins une à une les signatures nécessaires, et je dois dire que je trouvai, dans le bon vouloir de Babick, un auxiliaire précieux. Il m'accompagna à la préfecture de police où Duval fit beaucoup de difficultés. Babick insista, et lui fit contresigner l'ordre. Précédemment, j'avais obtenu deux ordres semblables, dont un de Lullier, auxquels il avait refusé ce contreseing nécessaire.

En route, voyant Babick plein de bonne volonté, je lui demandai si nous ne pourrions pas, du même coup, faire sortir de la prison le général de Langourian dont je venais d'apprendre l'arrestation. Il y consentit, et nous falsifiâmes l'ordre d'un commun accord.

A une heure et demie seulement les deux généraux sortirent. Aronhson avait apporté dans la voiture un costume civil pour le général de Langourian, qui avait été arrêté en uniforme.

Il avait été convenu que je reviendrais dans la nuit à l'Hôtel de ville avec les deux prisonniers. Là, tout notre échafaudage faillit être renversé. Les membres du comité me montrèrent, imprimée dans un de leurs journaux, la lettre que j'avais écrite au général Vinoy, pour me mettre à sa disposition. Je la déclarai fausse en tous points. Sans ce démenti, nous étions emprisonnés tous les quatre.....

A deux heures, nous arrivâmes au Grand-Hôtel pour trouver l'amiral Saisset. Il en était parti dans la journée, pendant mes négociations à l'Hôtel de ville, et peu s'en fallut que nous ne fussions encore arrêtés là. Les généraux et Aronhson partirent immédiatement avec leur voiture pour Versailles. Moi, je restai jusqu'au lendemain matin, et je partis de chez moi, à sept heures, en uniforme, à cheval, suivi de mon ordonnance. J'ai su depuis qu'à huit heures, on était venu pour m'arrêter.

Je sortis de Paris par la porte de Saint-Cloud, et j'arrivai à Versailles en passant le pont de Sèvres. Ma première visite fut pour M. de Carayon-Latour. J'eus, le jour même, une audience de M. Thiers, à qui je fournis des renseignements sur les préparatifs de défense des fédérés.

Un instant M. Thiers voulut me renvoyer à Paris. J'étais prêt à obéir. Mais il revint sur cette idée, car il pensa que j'y serais immédiatement arrêté, ce qui me mettrait dans l'impossibilité de rendre d'utiles services...

Au moment où j'allais prendre congé de lui, le général Cremer me dit :

— J'ai encore un renseignement à vous donner pour vos *Prussiens en France*.

Mon père et ma mère habitaient Sarreguemines. Ils y étaient restés pendant la guerre. La paix faite, ils s'y croyaient en sûreté... Ils comptaient sans le gouverneur de la Lorraine.

Un jour on vint pour arrêter mon père. Prévenu à temps, il se réfugia au café Simon, dont le jardin a une sortie sur une ruelle peu fréquentée.

Les gendarmes prussiens y arrivèrent à leur tour. Il s'échappa par la ruelle et gagna l'Allemagne où sa connaissance de la langue éloigna les soupçons et vint en France par la Suisse. Ses biens ont été confisqués.

— Mais de quoi l'accusait-on ?

— De m'avoir fourni des renseignements pendant la guerre : crime de haute trahison !... Voilà comment les Prussiens observent loyalement les conditions du traité !...

J'oubliais un détail :

Le général Cremer a trente-un ans.

XXVIII

Les Prussiens à Dijon

Depuis Orléans, j'avais continué mon voyage sans rencontrer un seul Prussien. A Nuits, je les vis partir par une extrémité de la grande rue, lorsque j'entrais par l'autre. A Dijon, le train s'arrêta au milieu d'une véritable foule de soldats à casques pointus. Dans la gare, une affiche ordonnait aux Français en voyage de remettre leurs armes aux mains des autorités allemandes. Cet arrêté était applicable aux militaires comme aux civils, et causait aux soldats français un véritable serrement de cœur. Je vis un pauvre artilleur qui avait son sabre au côté, et qui voulait s'arrêter à Dijon pour voir sa famille un jour, préférer rester douze heures, debout, sur le quai de la gare, que de se soumettre à cette humiliante formalité.

La première personne que je rencontrai en ville, fut un officier prussien. Il avait les épaules larges, les jambes en manches de veste, la figure couverte de rudes poils rouges, parsemés de poils blancs. Jamais je ne vis physionomie plus désagréable. Sa tenue était fort simple, mais sur son épaule se trouvait une grosse tresse. C'était Son Excellence le comte de Manteuffel.

Comme je venais de lire sur une affiche que le nouveau préfet de Dijon était M. de Brancion, à qui j'avais eu l'honneur de serrer la main, le soir de Buzenval, quand il était colonel de la garde nationale mobilisée de Paris, je me rendis aussitôt à la préfecture, pensant l'y trouver. Il semblait que M. de Manteuffel avait mission de m'en montrer le chemin. Je n'eus qu'à le suivre, car il y entra. Mais à la porte, les factionnaires, après lui avoir présenté les armes, se précipitèrent sur moi et me jetèrent dehors...

Il était inutile d'insister. Un passant m'expliqua ma mésaventure.

Le généralissime prussien avait dit à M. de Brancion :

— Je suis tout disposé à vous laisser habiter votre préfecture, mais seulement quand vous m'aurez procuré une autre maison, aussi confortable, avec quarante chambres très bien meublées et une salle à manger pour quarante couverts.

En attendant la découverte de ce local assez difficile à trouver, l'estimable préfet de la Côte-d'Or était réduit à loger à l'hôtel.....

Et la paix était faite !.....

On m'a conté toutefois sur le même Manteuffel une histoire vraie qui le réhabilite un peu.

Tandis que, selon son habitude, il se promenait seul dans la rue de Condé, il vit deux soldats prussiens qui suivaient un zouave. L'un d'eux, saisissant le gland de la calotte, la fit tomber. Le zouave, furieux, se jeta sur les deux drôles, et leur administra une prodigieuse quantité de coups de poing. Ces coquins tiraient leurs sabres, quand Manteuffel intervint.

Il ramassa la calotte du zouave et le complimenta. Puis, détachant de son carnet une petite feuille, il remit à ses soldats un bon, pour aller se faire donner la schlague, ou tout au moins pour se faire incarcérer pendant un mois. Les soldats partirent, l'oreille basse, porter ce billet au commandant de place, et le zouave fit au généralissime le salut militaire.

M. de Manteuffel a une singulière façon de comprendre la liberté de la presse. Il se faisait remettre les épreuves des journaux de Dijon, les lisait, et avec un crayon rouge indiquait ce qui devait être supprimé. Mes confrères du *Bien public*, qui sont des gens d'esprit, remplaçaient par du blanc les passages incriminés, et laissaient tout ce que le crayon rouge n'avait pas touché. S'agissait-il d'un discours prononcé à la Chambre: on y voyait le nom de l'orateur, un blanc énorme, puis les mots : *Vifs applaudissements*. On savait ainsi que ce qui était applaudi à Versailles, n'était pas goûté par les Prussiens.

Ce que j'affirmerai, en outre, c'est que le noble général coupait impitoyablement tout ce qui était hostile à la Commune de Paris !... et laissait imprimés les décrets et autres malpropretés du Comité central, si bien que l'on pouvait croire, dans les pays occupés par son armée, que l'insurrection était considérée comme un gouvernement sérieux.

Un dernier trait. M. de Manteuffel, considérant qu'un général doit en toutes choses se montrer supérieur à ses officiers, boit autant à lui tout seul que son état-major entier, ce qui ajoute, le soir, à l'élégance de sa démarche.

Je vais raconter aussi brièvement que possible les événements dont Dijon a été le théâtre.

Comme Nevers, Dijon a eu son Malardier. Celui-là était un médecin de Châlon-sur-Saône, le docteur Lavalle. Considéré dans son pays natal comme un grand homme, le bon docteur voulut donner à sa renommée un champ plus vaste et se fit élire président du comité de défense de Dijon.

Le président Lavalle portait les insignes de colonel. Sa carrière militaire est tout entière dans ces mots d'un procès-verbal d'arrestation :

« Le colonel Lavalle est accusé par ses soldats de les avoir devancés dans la retraite !... »

Il avait pour aides-de-camp deux autres hommes de guerre : un baigneur, M. Collot; un avoué, M. Glaize. Cet état-major était chargé du commandement de douze à quinze mille francs-tireurs, mobiles et mobilisés.

Les Prussiens s'étant emparés de Gray, le 20 octobre, M. Lavalle s'élança à leur rencontre du côté de Pontaillier, en établissant toutefois, prudemment son quartier général à Auxonne. Il fit de nombreux discours, qu'il prononçait à cheval, après avoir rangé ses hommes comme les spectateurs d'un cirque.

Les Prussiens avançant, M. Laval le fit sauter le pont de Pontaillier, sur la Saône, oubliant que trois mille de ses soldats étaient de l'autre côté de la rivière, ce qui les laissait sans chefs au pouvoir de l'ennemi. Les malheureux s'enfuirent dans toutes les directions, et beaucoup périrent, noyés, en voulant traverser la Saône à la nage.

« — Je suis investi de mon commandement par l'autorité civile, dit à ce sujet M. Lavalle. Je ne relève *donc* que de ma conscience, et ma conscience ne me reproche rien !... »

A la suite d'un combat malheureux près de Talmay, il revint assez précipitamment à Dijon, annonçant qu'il avait vingt-huit mille Badois sur les talons. Mais comme en ce moment arrivaient de Lyon douze cents soldats de la ligne et le colonel de gendarmerie Fauconnet, il reprit son attitude belliqueuse, et persuada au colonel pour de bon qu'il était lui-même un homme de guerre considérable. Il parla très haut dans le conseil, mais, sur l'avis du maire, on décida que Dijon n'étant pas en état de défense, les troupes se retireraient à Beaune.

C'était sage. Seulement le trop fameux Bombonnel envoya une dépêche fantastique annonçant qu'il venait de battre les Prussiens dans une localité plus fantastique encore, et qu'ils étaient peu nombreux.

On ne chercha pas à vérifier cette dépêche, et on donna aux troupes, qui déjà étaient en route, l'ordre de revenir à Dijon.

Le 30 octobre au matin, une compagnie de francs-tireurs et cent soixante-douze chasseurs à pied du 6ᵉ bataillon partirent au-devant de cet ennemi peu nombreux, dont ils rencontrèrent l'avant-garde au village de Varois. Cette avant-garde avait de la cavalerie et des canons, — ce qui n'était pas dans le programme du tueur de panthères Bombonnel, — si bien qu'après deux heures de combat notre petite troupe, ayant tué un nombre considérable de Badois, se vit à même d'être débordée par une véritable armée, et opéra sa retraite.

Les Allemands se massèrent à Sainte-Appolinaire et à Cromois. Là, pendant une heure et demie, ils furent arrêtés par le feu très nourri des francs-tireurs de J. J. Cornu. Mais, entre deux ou trois heures, la position n'était plus tenable, et bientôt les hauteurs de Montmuzard, qui dominent Dijon du côté de la route de Gray, se couvrirent d'ennemis et se garnirent de canons.

Un train, amenant deux mille hommes et venant de Chalon fut arrêté par les obus. Tout un côté de la ville fut investi.

C'était assurément une lutte insensée, et dont le résultat ne pouvait être un instant douteux. Le maire, M. Dubois, essaya de l'éviter, mais la population, enthousiasmée par les proclamations et les dépêches folles des Lavalle et des Bombonnel, persista dans ses idées de défense.

Les vieux bastions de Dijon, — qui ne sont plus que des monuments historiques, — ouvrirent un feu très serré sur les positions de l'ennemi. On échangeait des boulets et des balles, à quelques centaines de mètres de distance. Les tirailleurs s'abritaient derrière des barricades improvisées. La population tout entière mêlée aux soldats se défendait avec un courage héroïque. De toutes les maisons du faubourg, les Prussiens tiraient sur les maisons de la ville. De cinq heures du matin à neuf heures du soir, la lutte avait duré sans une minute de trêve...

Quand il fit nuit noire, le feu s'arrêta. Mais les Prussiens n'osèrent pas franchir les obstacles qui s'opposaient à leur entrée en ville.

Le lendemain matin, 31 octobre, le drapeau parlementaire fut hissé sur le bastion de Saulx. Le maire et les adjoints se rendirent au quartier général du prince de Hohenlohe pour capituler, à des conditions fort honorables... On signa, mais le prince, une fois la signature donnée, exigea qu'un adjoint, M. Lévêque, restât comme otage...

XXIX

Les victoires de Garibaldi

L'armée de Bourbaki marchait sur Belfort. Les Prussiens étaient partis de Dijon à marches forcées, poursuivis par la division Cremer, qui tenait l'extrême gauche. Werder allait se faire battre à Villersexel, puis se porter, au-delà de la Lizaine, de façon à opposer à l'armée de l'est la formidable ligne de défenses naturelles, qui s'étend de Frahier à Montbéliard. Le moindre renfort venu aux Français par la route de Dijon, changeait en victoire cette bataille de trois jours qui fut une glorieuse défaite. Garibaldi était là avec cinquante mille hommes de troupes, et devait à la fois amener ce renfort et couper la route aux corps prussiens qui, marchant de l'ouest à l'est, tombaient à l'improviste sur Bourbaki, et l'obligeaient à se réfugier au sud. Quelque imminente que fût la reddition de Paris, tout pouvait être sauvé encore...

Mais en même temps qu'il imposait au général français sa volonté souveraine, le commissaire de la république, M. de Serres, laissait le général italien agir à sa guise. Bourbaki marchait toujours en avant, se séparant de plus en plus de l'appendice nécessaire de son armée, que les Prussiens amusaient à Dijon.

Le bon Garibaldi substituait son plan à celui de l'état-major français.

— Que veulent les Prussiens? disait-il lui-même. Me prendre, assurément. Le but de ces suppôts de la tyrannie est bien plus d'écraser la vaillante jeunesse, fleur des nations, élite de l'Europe, qui m'entoure, que de courir sus à Bourbaki. En ne bougeant pas d'ici, je laisse le champ libre à mon brave collègue. Il va aller tout droit en Allemagne, car les Prussiens vont employer toutes leurs meilleures troupes pour me saisir. Ils sont la barbarie, je suis la civilisation. Leur plan est clair! et le mien aussi!...

Et tandis que ce brave homme se berçait de ces douces illusions, alors qu'il écrivait ses proclamations grotesques, la véritable armée prussienne passait au nord, lui laissant gagner facilement les batailles de Talant et de Pouilly.

Tout homme de bon sens eût compris que les Prussiens n'avaient plus d'intérêt à reprendre Dijon, qu'ils venaient d'évacuer volontairement; ils n'eussent pas risqué ce feinte grossière avec un autre que *l'oiseau rouge*. Aussi, certains de sa réussite, firent-ils de grandes démonstrations pour annoncer leur projet de conquête.

Garibaldi n'eut pas une minute d'hésitation.

Il y a, aux environs de Dijon, une montagne en forme de pain de sucre, sur laquelle est juché le village de Talant. Le général fantaisiste alla s'y percher et la convertit en forteresse, s'y enfermant lui-même, afin de soutenir le choc des barbares.

Le samedi 21 janvier, les mobiles de l'Aveyron gardaient les avant-postes du Val-Suzon. Attaqués par des troupes considérables, ils se replièrent du côté de Dijon, laissant les Prussiens s'engager dans le Val. Il y a dans cet endroit un défilé facile à garder avec du canon, mais ce n'était pas là que Garibaldi voulait avoir sa victoire.

Les Prussiens avancèrent donc et s'installèrent à Darois, à trois lieues de Dijon. Garibaldi les laissait marcher.... il avait son plan. Alors, ils vinrent s'établir à Hauteville et à la ferme de Changey, où ils placèrent leurs batteries en vue de Talant. Ils envoyèrent leurs obus sur ce village, et on leur répondit. Puis, dans la vallée qui s'étend entre leurs positions et les nôtres, on se fusilla gentiment jusqu'à minuit...

Pendant ce temps, la véritable armée prussienne passait tranquillement au nord par Is-sur-Tille et Mirebeau et gagnait

Gray, sans que Garibaldi s'en doutât le moins du monde!...

Le lendemain dimanche, au point du jour, la bataille recommença. Les Prussiens, voyant la réussite de leur stratagème, gagnèrent du champ et se mirent hors de portée des canons de Talant et de Fontaine.

Il leur importait toutefois de garder la route de Langres pour empêcher qu'un paysan bien avisé n'allât signaler à Dijon leur manœuvre principale. Ils occupèrent donc sur cette route le lundi matin les villages de Messigny et d'Asnières, et firent de ce côté une démonstration hostile. Ils s'emparèrent du château de Pouilly, à deux kilomètres de Dijon, bonne position que Garibaldi avait oublié de garder, et de là, lancèrent quelques obus qui vinrent jusque dans la ville.

Garibaldi envoya aussitôt à Pouilly l'élite de son armée. Les Prussiens furent chassés et la position prise. On s'y fortifia avec soin et le gros des troupes revint triomphalement en ville.

Dijon était préservé pour huit jours, mais l'armée de l'Est, dernière espérance de la France, était perdue!

Je me hâte de le dire : si, dans ces douloureuses circonstances, les Prussiens se montrèrent bien supérieurs à nous au point de vue de l'intelligence de la guerre, ils ne surent pas vaincre leurs atroces instincts.

A Hauteville, où ils s'installèrent le premier jour, était établie une ambulance française. Quand ils furent maîtres du village, les médecins et les infirmiers étaient occupés à donner des soins aux blessés, parmi lesquels se trouvait une jeune fille frappée d'une balle à la poitrine. Vers minuit, les Prussiens pénétrèrent dans l'ambulance, et se jetèrent sur les médecins. Le chirurgien-major Morin fut assommé à coups de crosse, et achevé d'un coup de révolver que lui tira un officier. Le docteur Milliard fut tué à coups de baïonnette. Les infirmiers d'Héret, de Champigny, Legros et Morin, furent seulement laissés pour morts, et l'infirmier Fleury fut fusillé dans la cour.

Ils s'acharnèrent ensuite sur le corps du docteur Morin, qu'ils dépouillèrent de ses vêtements et laissèrent nu devant la porte. Enfin, ils s'emparèrent de tout le matériel de l'ambulance, et des montres, de l'argent, des bijoux appartenant au personnel et aux blessés.

L'intervention d'un médecin allemand mit seule fin à cette horrible scène. A la demande de cet homme, on plaça les blessés sur des brancards et on les conduisit aux avant-postes français, d'où on les mena à Dijon.

J'ajoute que ceci n'est pas un on-dit, mais la copie littérale du rapport du lieutenant-colonel commandant la troisième légion des mobilisés de Saône-et-Loire, rapport que j'ai sous les yeux.

Ce n'est pas tout.

Le lendemain, comme je l'ai dit, ils s'emparaient du château de Pouilly. Là, se trouvait un avant-poste de mobiles dont l'officier fut blessé au commencement de l'action. Il se fit porter dans un appartement du château, où, une heure après, les Prussiens le trouvèrent.

Obligés d'évacuer Pouilly à leur tour, ils voulurent l'incendier. Le château était en pierre, et leurs fagots se consumèrent sans entamer ses solides murailles. Ils allèrent alors prendre l'officier, le lièrent solidement, l'inondèrent de pétrole et le placèrent dans la cour sur un tas de bois auquel ils mirent le feu...

Quand nos soldats arrivèrent, le malheureux officier remuait encore; mais il expira au bout de quelques minutes.

En justes représailles, on fusilla immédiatement tous les Allemands pris dans le château et le parc.

Rentré à Dijon, Garibaldi se contenta de garder la ville, que du reste les Prussiens n'attaquaient plus.

Le lundi 30 janvier arriva. Dès la veille on avait connaissance de l'armistice, bien que le gouvernement de Bordeaux eût *oublié de faire savoir que cet armistice ne concernait pas la Côte-d'Or.* Garibaldi protesta dans une proclamation contre le droit des négociateurs.

« Vous m'avez honoré de votre confiance, écrivait-il, et je compte sur vous comme sur l'acier des armes de nos braves. »

Mais comme, le jour même, les Prussiens s'avancèrent et lancèrent quelques obus, Garibaldi se rendit au quartier général allemand et offrit de se retirer pour éviter à la ville les conséquences d'un bombardement. Les Prussiens acceptèrent, et l'armée des Vosges quitta Dijon le 31 janvier, par la route de Beaune, tandis que les Prussiens y rentraient par la route de Paris...

Avant de raconter, dans un dernier chapitre, les principaux épisodes du drame dont Bourbaki fut le héros, qu'on me permette de dire ce que devint la bande garibaldienne, dont la pitoyable inaction fut si fatale à l'armée de l'Est.

Après la démission de Garibaldi, en février, M. l'amiral Penhoat fut nommé général en chef de l'armée des Vosges, avec mission de la licencier. C'était une tâche laborieuse. Les généraux de brigade Menotti et Ricciotti Garibaldi, leur beau-frère Canzio, leur ami Lobbia se proclamaient hautement les seuls chefs victorieux de l'armée française, et l'ex-pharmacien Bourdon, dit Bordone, successeur du généralissime, se considérait comme un simple dictateur.

L'amiral Penhoat arriva à Mâcon, sans autre escorte que son aide de camp, le lieutenant de vaisseau Olivier de Beaumont. Il n'avait d'autre force que son excellente réputation et le juste renom de bravoure que lui avait valu sa conduite à Villersexel. Il fut donc obligé d'user d'adresse avec Bordone d'abord, avec les généraux ensuite. Il profita de ce que l'ex-pharmacien avait été quelque chose dans la marine, pour le traiter en collègue.

Bordone, gagné par ces façons auxquelles il n'était pas habitué de la part des généraux français, fit de son mieux, et, en peu de jours, tous les aventuriers de la bande furent acheminés vers le Midi et l'Italie.

Les punitions furent levées, et les détenus libérés. J'ai rencontré plusieurs troupes de ces coquins se rendant à Paris, mais il est à croire que c'est à l'insu de Bordone, dont l'amiral n'eut pas à se plaindre. Le sentiment de l'illustre marin — à qui est actuellement confiée la préfecture de Cherbourg — est que la plupart des garibaldiens venus à Paris sont ceux que l'incurie de l'administration laissa à Marseille. Les événements qui ont eu lieu dans cette ville sont de nature à rendre cette hypothèse absolument raisonnable...

Et voilà Bordone absous comme révolutionnaire. Puisse-t-il l'être aussi comme pharmacien.

EPILOGUE

Route de Suisse

J'ai noté, à mon passage à Bourges et à Nevers, les paroles tristement prophétiques de Bourbaki. J'ai dit par quel moyen M. Gambetta l'avait contraint à entreprendre cette campagne dont le plan était certes fort beau, mais n'eût été réalisable qu'avec une armée aguerrie, disciplinée, rompue aux fatigues et pourvue de tout. J'ai dit aussi un mot de la mission de M. de Serres, — le Freyssinet ambulant, — commissaire de la République auprès du général, contrôleur de ses actes, et agent actif du ministre de Tours.

La catastrophe n'a étonné personne et Bourbaki l'avait le premier prévue. Mais le mensonge était si évidemment érigé en système à cette époque, que, sur la Loire comme sur la Somme, à Paris comme dans les Vosges, aucun de ceux qui tenaient l'épée de la France n'osait dire résolument une vérité qui eût pu décourager les combattants d'une autre région. L'invasion s'étendait toujours, les ruines s'amoncelaient d'avantage, et les bulletins fantastiques du gouvernement de Bordeaux continuaient à enregistrer des victoires !

La campagne de Bourbaki eut toutefois un heureux début. Son armée, forte en réalité de cent mille hommes, était allée de Dijon à Besançon par Dôle et gardait la route de Lyon pour ses approvisionnements. Le corps d'armée de Werder s'était replié successivement de Dijon sur Auxonne, puis sur Gray, puis sur Vesoul. De cette ville il se dirigeait sur Montbéliard, afin de couvrir la route de Belfort, ce qui amena la première rencontre sérieuse, à Villersexel, le 9 janvier. L'avantage nous resta, et les Prussiens qui avaient évacué Vesoul, évacuèrent aussi Lure. C'étaient là de beaux résultats à inscrire dans les bulletins, mais ils ne faisaient en somme que presser le dénouement. Le général de Werder modifiait peut-être son itinéraire, il n'en arrivait pas moins à se poster solidement d'Héricourt à Montbéliard, couvrant Belfort.

Le 13 janvier, à Arcey et à Sainte-Marie, nos avant-gardes culbutent les avant-postes prussiens. Le 14, le général Cremer et l'amiral Penhoat s'emparent de Chènebier, tandis que le centre s'approche de Montbéliard, et que la gauche, passant le Doubs à Pont-de-Roide, se porte entre Montbéliard et la frontière suisse.

Une grande bataille était imminente. Entre les positions des Français et celles des Prussiens, coulait, au fond d'un vallon très encaissé, la petite rivière de la Lizaine qui formait la ligne de démarcation des deux camps. De chaque côté de cette ligne, les deux armées occupaient des positions excellentes. Les deux villes de Montbéliard et d'Héricourt, toutes deux dans le vallon, formaient comme les nœuds de cette ligne. Notre gauche n'était qu'à deux heures et demie de Belfort, dont on entendait le canon, dont on distinguait la noire silhouette. Mais, entre notre armée et cet objectif se trouvaient les fortes positions des côteaux de Brévilliers et du mont Vaudois, premiers contreforts des Vosges, positions gardées avec tant de soin, qu'on s'expliquait la promptitude de la retraite de Werder vers ces points faciles à défendre.

Mais tandis que Bourbaki, entraîné dans cette rapide poursuite, se privait de plus en plus de toute chance de renforts, Werder était rejoint, du côté de Belfort, par les corps de Trescow, de Zastrow et de Fransecki, qui bientôt ne formaient plus, sous les ordres du général Manteuftel, qu'une armée unique, marchant avec un automatique ensemble, forte de plus de cent mille hommes, et qu'il eût fallu pouvoir couper en deux, pour arriver sous les murs de Belfort. L'entreprise, assurément périlleuse, n'aurait donné encore, en cas de réussite, qu'un résultat aléatoire, les masses ennemies pouvant se reformer derrière elle et lui couper absolument toute communication, tout moyen de ravitaillement.

La bataille de la Lizaine s'engagea, le 15 janvier, sur toute la ligne de Chagey à Montbéliard. Ce fut d'abord seulement un combat d'artillerie qui dura de huit heures du matin à cinq heures du soir. A ce moment, les lignes de défense des Allemands étaient intactes, mais la ville de Montbéliard, le matin partagée entre les belligérants, appartenait en entier à nos troupes. Le château seul, situé sur une éminence garnie de canons, restait à l'ennemi.

Le 16, la bataille recommença, acharnée, meurtrière des deux côtés. Nos colonnes d'attaque descendirent dans la vallée, enlevèrent les villages de Bussurel et de Béthoncourt, franchirent la Lizaine et s'engagèrent sur les pentes des coteaux occupés par l'ennemi. Mais le canon d'Héricourt, couvrant de feux ces routes périlleuses, les contraignit à repasser la petite rivière.

En même temps, Werder, reprenant Chenebier, menaça de tourner nos lignes par le nord et nous obligea à développer notre front.

Le 17, dès huit heures, Bourbaki attaque par les deux extrémités et le centre à la fois, à Chagey, Bethoncourt et Montbéliard. On se bat avec furie. Toute la journée se passe en combats sur une ligne de près de quinze kilomètres d'étendue ; mais l'artillerie allemande est si supérieure à la nôtre en nombre et en portée, que toutes les tentatives sont infructueuses, que tous les sacrifices sont inutiles, et qu'à la nuit il n'y a plus d'espoir. Bourbaki le comprend et ordonne la retraite. Il évacue Montbéliard, Bussurel et Luze, et replace ses troupes dans leurs positions élevées de la rive droite de la Lizaine, laissant la rive gauche sans partage aux Allemands.

La bataille — une bataille de trois jours ! — était perdue.

Bourbaki se retire vers Besançon, cherchant à réorganiser son armée, que l'insuccès démoralise. Manteuffel, de son côté, ne reste pas inactif. Il réoccupe Lure et Vesoul avec les troupes de la Lizaine, et installe à Gray le corps d'armée que le bon Garibaldi croit acharné contre lui à Dijon. Enfin, le 21 janvier, il s'empare de Dôle, enveloppant ainsi de toutes parts

Besançon, désormais sans communication avec le reste de la France, sauf par l'étroite route de Gex, notre dernière espérance, dont Bourbaki confie la garde à Cremer.

Chaque jour le cercle se resserre d'avantage. Le 23, les Prussiens occupent Mouchard, puis Arbois et, le 24, Poligny.

Le même jour, Bourbaki entre dans Besançon, au centre du cercle. Une bataille semble imminente sous les murs de la ville. Au nord, l'ennemi s'est emparé de Clerval, de l'Isle-sur-le-Doubs et de Baume-les-Dames. On voit aussi déjà que le plan de Manteuffel consiste à contraindre l'armée de Bourbaki à s'appuyer sur la frontière suisse.

C'est l'insuccès du général Bressoles, près de Blamont, qui va précipiter ce mouvement. Il est obligé de battre en retraite par Saint-Hippolyte, le Russey et Maîche. Arrivé à Morteau, il est rencontré de nouveau, éprouve un nouvel échec et se réfugie à Pontarlier, le jour même où les Prussiens entraient à Salins.

Il ne nous restait donc plus que la route de Besançon à Pontarlier, à la fois menacée au nord et au sud, avec faculté de passer la frontière suisse aux Verrières, ou de gagner Gex par les défilés de Saint-Laurent et des Planches.

C'est lorsqu'il se vit réduit à ces deux extrémités, que Bourbaki essaya d'en finir avec la vie. Une convention fut arrêtée entre le général Clinchant et le général Herzog, pour le passage en Suisse de l'armée française. Déjà, du reste, l'ennemi approchait de Pontarlier.

Le 1er février, à cinq heures du matin, l'illustre commandant de l'armée suisse, et le digne successeur de Bourbaki, signaient la convention aux Verrières, et le triste défilé commençait.

Le fort de Joux, qui protège le passage des Verrières, tonnait dans le lointain, protégeant la marche lugubre que, du reste, les Prussiens ne tentèrent pas sérieusement d'empêcher. L'état-major allemand n'avait plus aucun intérêt à courir les risques d'un combat désespéré, pour s'emparer de ces quatre-vingt mille prisonniers qu'il lui eût fallu tout d'abord approvisionner de vivres.....

Dans l'étroit défilé des Verrières, la route s'accroche au flanc des montagnes du Larmont. La neige, à chaque instant, barre le chemin. Les hommes, les chevaux, qui se traînent à peine, pêle-mêle avec les fourgons et les pièces, traversent le défilé de la chaîne, puis s'engagent sous la voûte sombre de Saint-Sulpice. On monte toujours. Les habitants de ces villages de la montagne partagent avec les malheureux soldats leurs maigres provisions. La route devient de plus en plus pénible, jusqu'au moment où des pentes du Taureau on aperçoit, comme une oasis, les deux beaux villages du Val-de-Travers. C'est là que le gouvernement suisse a préparé les premiers secours. La population se montre sympathique et bienveillante pour cette grande armée vaincue. Tous les habitants du Val, hommes, femmes, enfants, forment la haie le long de la route. Ils portent des corbeilles de pain, des paquets de cigares, du tabac. Tous les yeux sont pleins de larmes de douleur et de reconnaissance.

Une troupe nombreuse arrive du Couvet. Elle apporte d'énormes *brantes*, pleines d'une soupe chaude et fortifiante, préparée par les soins de la municipalité.

Tout le long de la route, même empressement, mêmes soins. Les villes disposent des locaux pour recevoir les réfugiés...

Un détail que j'ai recueilli en chemin.

«Je me promenais sur la route du Locle, me dit un brave Suisse. Tout à coup, sur un fourgon abandonné et dont les chevaux étaient tombés, mourant de fatigue et de faim , j'aperçois le corps d'un homme étendu. Parmi les soldats qui passaient, pas un ne se détourne pour voir si cet homme était mort ou vivant. Je m'approchai d'un mobile, et lui dit : « — Ne voyez-vous pas ce soldat, il n'est peut être pas mort ?... — Ah ! bah ! me répondit le mobile, s'il est mort, tant mieux pour lui; il n'aura plus ni faim ni froid. Il y en a bien d'autres que lui, qui sont morts !... » Je m'approchai du charriot, et versai un peu d'eau-de-vie entre les lèvres du soldat. Il ouvrit de grands yeux et me jeta un regard reconnaissant. Mais je ne pouvais plus rien pour lui, n'ayant plus rien à lui donner. Est-il mort, a-t-il pu se sauver? je n'en sais rien. Mais ce que je sais bien, c'est qu'il y a à la frontière des milliers de soldats dont une assiette de bouillon chaud, donnée à temps, aurait certainement sauvé la vie. »

Dès le lendemain, avec une admirable promptitude, tout était prêt pour recevoir les malheureux que le froid et la faim avaient épargnés en route.

Le peuple suisse a su faire spontanément tous les sacrifices nécessaires pour donner aux réfugiés une honorable et généreuse hospitalité.

La France a contracté envers cette noble nation une dette éternelle et sacrée. Elle ne l'oubliera pas. Le souvenir de cette réception restera gravé dans nos cœurs.

De même la mémoire des péripéties de cette guerre cruelle, de l'odieux guet-apens qui nous fut tendu par la nation de proie, ne s'effacera jamais de nos esprits.

ALFRED D'AUNAY

Paris. — Imprimerie Dubuisson et C°, rue Coq-Héron, 5. — 681